Pusherstories aus dem Ghetto

Von Anis Dietsch

"That's my only goal – surround myself with funny people and make sure everyone has a good time and works hard." Joe Rogan

Covergestaltung: Dominique Henkes

Herstellung und Verlag:

BoD - Books on Demand, Norderstedt

ISBN 978-3-8482-6808-5

VORWORT

Es ist mir unbegreiflich, was das eigentlich werden soll. Ich schreibe hier ohne Faden, ohne Zielgruppe und ohne zu wissen, was ich damit eigentlich erreichen möchte. Dir wird im Verlauf des Textes auffallen, dass hier eine gewisse Weltverbesserer-Moral mitschwingt beziehungsweise durch die Decken kracht. Wenn es Dich interessiert, wer das schreibt, lies irgendwann im letzten Kapitel „Wer ich eigentlich bin" nach, wessen Finger das hier in den Laptop gehackt haben. Einige der Leser kennen meine Story gut genug, daher würde es in meinen Augen extrem arrogant wirken, meine Personenbeschreibung an den Anfang zu stellen. Das Buch liest sich aber hoffentlich auch ganz gut, ohne zu wissen, wer ich eigentlich bin.

Manchmal wirst Du Dir denken „jetzt übertreibt er, der macht das doch selber nicht so". Und da wirst Du dann vermutlich Recht haben.
Akzeptiere das bitte und überspring einen Absatz, wenn es Dir zu viel wird – wenn ich einmal meine Vision von der schönen Welt habe und anfange, wie ein Opa im Schaukelstuhl über die schöne alte Zeit zu reden, dann komm ich da nur schwer wieder auf die rationale Ebene zurück.

Denk bitte auch daran, dass all das nur Möglichkeiten darstellt und ich nicht einmal selber zu hundert Prozent danach leben könnte und wollte. Ich weiß im Moment noch nicht, ob das hier ein Ratgeber, eine Erzählung, eine Autotherapie oder ein „arbeite mit dem Buch"-Werk wird. Sei daher bitte auch nicht verwundert, wenn irgendwo ein paar Passagen stehen, die Deiner Meinung nach in einem anderen Unterkapitel besser untergebracht worden wären – all der Text hier basiert nur auf fließenden Grenzen und die Gliederung soll eigentlich nur schablonenhaft über die Seiten gelegt werden, um nicht komplett die Orientierung zu verlieren.

Die einzigen Anforderungen, die ich an mich selbst stelle, sind die, dass die folgenden Seiten für Dich relativ flüssig zu lesen sind, Dich an der ein oder anderen Stelle zum Nachdenken bringen und Du – falls Du all das durchgelesen haben solltest – nicht das Gefühl hast, Deine Zeit damit verschwendet zu haben.

Wie groß das hier wird, welche Ausmaße es annehmen wird – ich weiß es nicht. Vielleicht habe ich nach 30 Seiten keinen Nerv mehr zu schreiben, vielleicht erreichen wir aber auch 100 Seiten.

Hör zwischendrin auf, zu lesen, fang wieder an, wenn Du Lust und Zeit
hast.

Im Grunde genommen wird das eine Mischung aus verschiedenen
Philosophieansätzen, Alltagsgedanken, Motivationstexten, Erfahrungen
und Wünschen. Einige Sachen kommen Dir vielleicht bekannt vor,
manche sind schlichtweg geklaut, umformuliert, umgeschrieben. Reden,
die mit meiner Meinung getuned wurden. Messages aus berühmten
Filmen, die ich in Textform gebracht habe.

Ich weiß nicht, wie Du auf dieses Schriftstück gestoßen bist, vielleicht
kennst Du mich überhaupt nicht, vielleicht kennst Du mich persönlich,
vermutlich aber kennst Du mich aus einem Kraftsport-/Kampfsport-
/Motorradforum und wirst schon über den ein oder anderen Endlos-
Post von mir gestolpert sein.
Diesen Forenbeitrags-/Artikelschreibstil werde ich hier beibehalten,
habe ich beschlossen. Es wäre sinnlos, eine Änderung zu erzwingen,
bloß, weil wir hier nicht mehr in einem Forum sind und das Ganze ein
wenig an Umfang gewonnen hat – lediglich mit Smileys werde ich sehr
viel sparsamer umgehen, was zur Folge haben könnte, dass einiges an
Sympathie abhandenkommen wird und das ganze etwas ernster mit
einem stellenweise latenten Hang zu depressivem Denken erscheint.
Damit muss(te) ich mich beim Schreiben abfinden und Du Dich leider
beim Lesen. Vergiss bitte nie, dass jedes Wort von einem grundsätzlich
lächelnden Andi getippt wurde, Dankeschön!

<u>EINLEITUNG</u>

Ich wurde eines schönen Tages von einem damals noch anonymen User auf meiner ask.fm-Seite Folgendes gefragt:

„Was sind Deine Top 5 Tipps für ein besseres Leben?

Eins vorweg: Es tut mir leid, dass ich erst jetzt antworte – ich bekomme einige Fragen, die ich nebenbei mal beantworte, andere Fragen beantworte ich erst am Abend darauf, weil ich einfach grad keine Lust habe, und dann gibt es noch solche Fragen, wie Deine. Das sind Fragen, deren Antworten einige Zeit benötigen. Beziehungsweise, Fragen, die eine wohl durchdachte Antwort benötigen. Die fliegt auch mir nicht beim Frühstücken zu. Schon alleine deshalb, weil ich überzeugter Nicht-Frühstücker bin.

Die letzte Zeit habe ich oft über die Frage nachgedacht und bin (eigentlich schon beim Lesen der Frage...) zu der Meinung gekommen, dass es schwachsinnig ist, irgendwelche Tipps/Tricks in dieser Kategorie numerisch einzugrenzen. Daher schreibe ich jetzt einfach mal drauf los und hoffe, dass es 5 Punkte werden. Falls es 3,4,6,7 Punkte werden – bitte klau mir dafür nicht mein Proteinpulver.

Der Plan ist, dass hier ein Text entsteht, den man locker und flüssig nebenbei lesen kann – über den man sich aber nach dem Lesen doch gern mal Gedanken macht, sich zurückerinnert und sowohl aktiv als auch passiv mit ihm arbeitet. Ob mir das gelingt, keine Ahnung. Erzähl es mir später.

Nachdem ich ein grandioses Abi hatte, das selbstverständlich meine regelmäßigen 2-5 Punkte im Deutsch-Grundkurs implizierte, habe ich grob eine Gliederung verfasst, als ich eines legendären Morgens der Sonne entgegen spazierte. Diese Gliederung sollte jedoch bald zum großen Teil über den Haufen geworfen werden und wurde erst rückwirkend in Form eines Inhaltsverzeichnisses eingefügt.

Ich bitte Dich, berücksichtige bei allem, was Du hier liest, folgendes:

Das alles sind meine eigenen Meinungen/Einschätzungen. Es gibt viele Leute, die in diesen Gebieten deutlich erfolgreicher sind als ich, unabhängig von Alter/Lebenserfahrung. Aber vielleicht helfen Dir meine

Gedankengänge ja doch ein wenig weiter.

Fangen wir also an, Punkt 1 – Du selbst:

1. DU SELBST

Hier bauen wir zwei Unterpunkte ein, die auf der Trennung von Physis und Psyche basieren.

1.1 Gesundheit

Was brauchst Du, um glücklich zu sein? Nun, es gibt verschiedene Faktoren. An erster Stelle steht – das musste ich über die letzten Jahre leider erfahren – die Gesundheit. Glaub mir, mein Freund, alles Geld der Welt, die besten Freunde, eine astreine Maisonette in einer Großstadt und eine überdurchschnittliche Motorisierung bringen Dir nichts, aber auch gar nichts, wenn Du einfach krank bist. Du gehst alle 2 Wochen zum Friseur? Bringt Dir nichts, wenn Du krank bist. Wenn Du krank genug bist, kommst Du eh nicht aus dem Haus Richtung Friseur. Zähne bleachen, damit sie schön weiß sind? Wer soll das sehen am Krankenbett? Dein Ralph-Lauren-Polo mit dem extra großen Pferdchen auf der Brust? Macht sich gut, wenn man 24/7 daheim oder im Krankenhaus rumgammelt.

Wir sind heutzutage eine abartige (achtung, erstes Mal Stammtischparole) Konsumgesellschaft. Lass mich an dieser Stelle zwei Zitate aus einem ganz coolen Film einspielen – auch, wenn Du sie in jedem Buch auf diesem Gebiet lesen wirst:

„Du bist nicht deine Arbeit. Du bist nicht wie viel Geld du am Konto hast. Du bist nicht das Auto, das du fährst. Du bist nicht der Inhalt deiner Geldbörse. Du bist nicht deine scheiß Cargohosen. Du bist der singende und tanzende Abschaum der Welt.“

„[...]sehe ich die stärksten und klügsten Männer kämpfen, die jemals gelebt haben. Ich sehe all dieses Potential und ich sehe die Verschwendung. Verdammt, eine gesamte Generation zapft Benzin, räumt Tische ab oder sie sind Bürosklaven in Anzügen. Werbung macht uns heiß auf Autos und Klamotten, wir arbeiten in Jobs die wir hassen, nur damit wir Scheiße kaufen können die wir nicht brauchen. Wir sind die Zweitgeborenen unserer Geschichte, Mann. Es gibt keinen Sinn und keinen Platz. Wir haben keinen Weltkrieg. Keine Great Depression. Unsere Weltkriege sind spiritueller Natur... unsere Great Depression ist unser eigenes Leben. Wir sind alle vorm Fernseher großgezogen worden um zu glauben dass wir eines Tages Millionäre, Filmstars oder Rockstars werden. Dem ist aber nicht so[...]“

Mit diesen Zitaten spare ich mir (und Dir) viele Seiten Ausführung über die heutige Gesellschaft. Außerdem wirft Dich das gleich mal ins kalte Wasser, falls Du jetzt erwartet hast, dass ich Dir irgendwelche hardcore Erfolgsrezepte liefere – Punkt 1 (und danach kommt erst mal lange nichts):

Werde gesund und bleib gesund. Iss gesünder (und damit meine ich kein Vollkornzeug. Ich meine damit unverarbeitete Lebensmittel. Iss nichts, dessen Produktion Du nicht nachvollziehen kannst!)

Beweg Dich mehr. Scheiß auf den Aufzug. Lass Deinen Autoschlüssel liegen, wenn wir von Strecken unter 2km reden. Du kannst auch zwei Sixpacks Wasser vom Supermarkt heimtragen (die Leute, die meinen Trainingslog lesen, wissen, dass sogar ich das inzwischen schaffe).

Hör auf Deinen Körper. Wenn etwas nicht stimmt mit Dir, bist Du nicht gesund. Hautprobleme, Verdauungsprobleme, Schlafprobleme, Leistungseinbrüche nach dem Mittagessen, all das sind keine Zeichen eines funktionierenden Organismus (im Gegensatz zu Schwitzen by the way). Hast Du Probleme in dieser Hinsicht, überleg Dir, woher sie kommen – blöderweise schmiert man sich heutzutage lieber eine Creme auf die Haut und trinkt Actimel, haut sich Benzos rein und lernt auf Ritalin, bevor man sich Gedanken über den Lifestyle macht. Der Mensch ist nicht dazu konzipiert, „kaputt" zu sein. Stell Dir vor, ein Hersteller verkauft ein Auto, das jeden Tag neue Bremsbeläge braucht, ein Flugzeug, das nur nach Tageslaune mal abhebt – das ist unlogisch. Du hast ein Problem? Klär das.

Ich kann nicht genau beschreiben, weshalb wir heutzutage so krank geworden sind. Noch weniger weiß ich, warum wir nichts dagegen unternehmen. Vielleicht ist es heutzutage auch einfach normal, krank zu sein – ich weiß nicht, ob Du Dich im Moment krank fühlst. Aber Sachen wie Heuschnupfen, Hautprobleme, Müdigkeitsanfälle, das alles ist einfach nicht normal.

Der Mensch an sich ist als Leistungstier gebaut. Wir haben zum Glück gewisse medizinische Standards, mit denen wir die Symptome unseres ungesunden Lebensstils (Stammtischparole Nummer 2?) abdämpfen können und ein Leben ohne große Leiden führen können. Zumindest dann, wenn wir uns die Tablette gegen Heuschnupfen rechtzeitig einwerfen, bevor es losgeht und die Augen tränen und die Nase läuft. Es sollte aber irgendwie erschreckend sein, dass wir eigentlich nur noch denken „wie geht das wieder weg?" statt uns zu fragen – „woher kommt das eigentlich?" / „wieso bin ich so krank?" / „wie beseitige ich die Ursache?". Wir sind zu Symptombekämpfern geworden. Erfolgsorientiert, heißt das glaube ich. Temporäre Glücksgefühle, kurzfristiges Denken – wir werfen unseren Politikern vor, nur noch innerhalb ihrer Legislaturperioden zu denken, statt grundsätzliche Sachen zu ändern. Wir sagen, sie würden einfach für diese 4 bis 7 Jahre alles mitnehmen wollen, was geht. Rücksichtslosigkeit, Kurzfristigkeit, all das sind Sachen, die wir den Menschen vorwerfen, die uns regieren.

Aber sind wir selber denn anders? Denken wir langfristig, was unsere Gesundheit angeht?

Sind wir nicht ähnlich dumm, wenn wir meinen, dass wir alles einfach via Tablette lösen können, wenn wir uns nicht überlegen, wie wir uns so stabil aufbauen können, dass keine Hilfe von außen mehr nötig ist? Wir verteilen Milliarden an Euro als Unterstützung und regen uns auf, dass die anderen Staaten selber schuld seien und wir ihnen nicht helfen sollen, wenn sie es selber nicht auf die Reihe kriegen, stabil zu bleiben. Aber wenn wir jede Hilfe von außen akzeptieren, ist das okay? Anti-Heuschnupfentabletten, Salben gegen Muskelkater, Baldrian zum beruhigen.

Soviel zur Gesundheit. Du kannst mir glauben, dass ich mich in den letzten Monaten stark mit der Gesundheit beschäftigt habe, weil ich schlicht und ergreifend so krank war, dass ich kein normales Leben mehr führen konnte. Und auch jetzt lese ich so viel von Leuten, die auf ein Wundermedikament hoffen, die sich Roa gegen Akne rein pfeffern, Duspatal gegen Reizdarm, das komplette Programm – obwohl sie nicht einmal 3 Wochen probiert haben, gesund zu leben.

Das soll hier keinesfalls heißen, dass die Schulmedizin lüge und eine gesunde Lebensweise das Heilmittel aller Krankheiten sei. Ich will Dir nur zeigen, wie bequemlich wir geworden sind. So bequemlich, dass wir uns doch durchaus heftigen Leiden aussetzen und auf eine Lösung in Tablettenform hoffen, statt ein neues Leben anzufangen und uns zu rebooten.

Und nochmal: Hier geht es um die Alltagsprobleme, nicht um andere Krankheiten, von denen ich schlicht und ergreifend (noch?) keine Ahnung habe.

So viel zur Gesundheit. Du siehst, das könnte insgesamt ein längerer Text werden. Und vielleicht verstehst Du jetzt, warum ich Dir erst jetzt antworte. Wenn man täglich 30 Minuten spazieren geht, hat man viel

Zeit zum Nachdenken.. aber mein kleines Hirn hat nicht die Kapazität, in 3*30 Minuten das komplette „Glücklich sein“-Chapter abzuhandeln.

Schön zu sehen, wie ich selbst schon nach dem ersten Unterpunkt nicht mehr mit meiner eigenen „Gliederung“ klarkomme.

Läuft, dann machen wir eben ziellos weiter – nachdem der Punkt „Gesundheit“ dran kam, machen wir mal mit „Zielstrebigkeit“ weiter.

1.2 Zielstrebigkeit

Weißt Du, ich fürchte, dieser Punkt ist bei vielen von uns neben der Gesundheit das heftigste Problem. Der Unterschied ist jedoch, dass wir die gesundheitlichen Folgen unseres Lebensstils wohl erst sehr spät spüren werden, das Versagen in Prüfungen oder im Sport spüren wir vergleichsweise doch relativ zeitnah.

Wie einige mitbekommen haben dürften, habe ich derzeit jemanden, der mich gleichzeitig sowohl in Kampfsport/Kraftsport, als auch gesundheitlich coached. Ich möchte nicht viel über ihn erzählen, eines Tages wird jeder, der sich mit Ernährung/Gesundheit/Kampfsport auseinandersetzt, automatisch von ihm hören – aber eine eigentlich unbedeutende Sache möchte ich doch erwähnen. Er fragte mich vor einigen Monaten, was meine Ziele seien. Ich meinte nur „hm.. dieses vielleicht.. jenes, wenn möglich.. da wenn es geht auf 82kg@10%KFA, eventuell mal Liegestütze mit meinem Körpergewicht zusätzlich auf dem Rücken absolvieren können...".

Seine Antwort war sinngemäß

"Du brauchst Ziele! Klare Ziele sind der Schlüssel! Sei Dir bewusst, was auf Deinem Grabstein stehen soll!"

Nun, da hat der gute Mann durchaus recht. Wie will ich etwas erreichen, wenn ich nicht einmal weiß, was es eigentlich ist, wie mein Ziel definiert ist. Stell Dir vor, Du legst Dir eine Messlatte für alles, was Du erreicht haben möchtest im Leben – von 0 bis 100%. Mathematische Grundbegabung vorausgesetzt, dürftest Du Dir vorstellen können, dass diese 0% dem Nullpunkt eines stinknormalen, kartesischen Koordinatensystems (mit x- und y-Achse) entsprächen. Die 100%, dieser „1" Punkt, könnte allerdings überall im Koordinatensystem sein – solange er genau den Abstand „1" vom Nullpunkt hat – somit ergibt sich der berühmte und hässliche Einheitskreis, dem jeder schon einmal begegnet ist, der Sinus/Cosinus/Tangens oder komplexe Zahlen kennenlernen „durfte".

Für alle, denen dieser ganze Mathekrempel verständlicherweise zu abstrakt ist: Es geht darum, dass Du an einem Punkt auf einem Platz stehst und nicht die geringste Ahnung hast, wohin Du überhaupt laufen willst/musst/sollst. Du kannst Dir einerseits sagen „gut, laufe ich einfach mal los und schaue, wo ich rauskomme". Ich will Dir jetzt hier nicht mit Vektorrechnung kommen. Aber die Wahrscheinlichkeit, dass Du willkürlich in eine Richtung läufst und genau an dem Punkt (X/Y) rauskommst, der Dich glücklich macht, ist verschwindend gering. Es gibt viele Leute, die in den Tag leben. Einige kommen damit klar. Ich nicht. Und Du vielleicht auch nicht. Wenn ich mir nicht spätestens am Vorabend einen Plan mache, was ich am Folgetag erledigen möchte, kannst Du Dich darauf verlassen, dass ich einen Tag komplett an die Wand setze. Ein Tag im gesamten Leben, das scheint nicht viel zu sein. Später wirst Du eine Beschreibung des Zeitkontos lesen – vielleicht wird Dir dann bewusst, wie wichtig jeder einzelne Tag ist.

Im Moment klingt es nicht heftig, einen Tag zu verlieren – allerdings gibt es da draußen Leute, die jeden Tag nutzen wollen. Der Mensch sollte danach streben, sich ewig weiterzuentwickeln. Und hier greift unser Problem. Leute wie ich haben den Fehler, dass sie nicht grundsätzlich auf Leistung getrimmt sind. Sie müssen sich immer wieder neu motivieren, um nicht den Faden zu verlieren.

Vielleicht hast Du mal was vom Flow-Gefühl gehört. Mihaly Csikszentmihalyi, ein Psychologieprofessor, hat dieser Art von Leistungsbereitschaft zum ersten Mal einen Namen gegeben. Es geht grob gesagt darum, in einer Tätigkeit voll und ganz aufzugehen und darüber zu vergessen, dass es eigentlich eine Pflicht oder etwas ähnlich negativ vorbelastet ist. Es ist ein ziemlich lustiges Gefühl, ich hatte es bei ein paar Unterhaltungen, wenn mich jemand etwas gefragt hat, worüber ich stundenlang hätte reden können. Du redest und redest.. und vergisst komplett die Zeit, weil Du so fasziniert bist von dem, was Du eigentlich erzählst. Jede Sekunde spürst Du, wie sich neue gedankliche Verknüpfungen ergeben und Du siehst einfach keinen Punkt, an dem Du aufhören könntest, zu reden. Jedes Thema, dass Du neu ansprichst, führt zu mindestens zwei neuen und somit bildet sich eine riesige, ungeordnete Gedankenstruktur, bei der sich immer wieder Gedankenstränge kreuzen und neu verknüpfen, nur, um am Ende als ein riesiges, logisches Gebilde ineinander kombiniert zu werden. Und dann irgendwann hörst Du auf zu Reden und spürst, wie alle um Dich rum diese Begeisterung aufgenommen haben.

Es ist wie eine Art Traum. Alles geht fließend über und Du siehst einfach keinen Grund, während des Redens auch nur im Entferntesten aufzuhören, weiterzudenken. Das Sprechen ist in dem Fall einfach nur ein Ventil, es könnte genauso gut schreiben sein, oder Krafttraining, oder irgendwas anderes. Sobald Du von diesem Flow „durchflossen" wirst, ist alles, was Du machst, sinnvoll. Hört sich an wie eine lustige Droge, ist aber relativ harmlos.

Wenn Du dieses Gefühl noch nicht hattest, empfehle ich Dir dringend, einfach mal in irgendeiner Sache so sehr aufzugehen, dass Du diesen Flow erfährst. Dafür gibt es verschiedene Anforderungsprofile - wenn Du nach den Voraussetzungen für ein Flow-Erlebnis suchst, findest Du je nach Autor zwischen 3 und 7 Punkte.
Die für mich wichtigsten Punkte sind:

- Es ist unter den gegebenen Umständen und Fähigkeiten grundsätzlich möglich, das Ziel zu erreichen

- Die Handlung geschieht aus einer intrinsischen Motivation heraus – es muss also das Maximum an Willen gegeben sein

- Die möglichen Ablenkungsparameter in der Umgebung sollten gegen 0 gehen

In der Literatur gibt es noch andere Faktoren, zum Beispiel

- Das Zeitbewusstsein verändert sich deutlich („Zeit vergessen")

- Bewusstsein und Handlung fusionieren, man steuert nicht mehr bewusst und denkt nicht bewusst über seine Aktionen nach

Diese beiden Punkte sind oft als Voraussetzung für die Definition eines Flow-Zustandes gegeben. In meinen Augen sind sie aber keine Prämisse für das Flowgefühl, sondern ein Resultat.

Flow ist das Bindeglied zwischen Überforderung und Unterforderung.

Wie kommt man nun in diesen Zustand? Es ist eigentlich nicht schwer. Man flowed sehr oft unbewusst vor sich hin, wenn man im Alltag Sachen macht. Im Grunde genommen brauchst Du eine Aufgabe, derer möglichen Lösung Du Dir sicher bist, ein wenig Zeit und eine geballte Ladung Konzentration.

Es wird Dir um einiges leichter fallen, in diesen Zustand zu gelangen, wenn Du in Deinem Werk „aufgehst", wenn Du für diesen Moment lebst und beginnst, den Weg mehr zu lieben als das Ziel. Jeder Pumper, dem das Gefühl beim Training ähnlich wichtig ist wie das Resultat, flowed.

Verwechsle diesen Flow nicht mit adrenalininduzierten, kurzfristigen Highs. Wenn Du im Kanu den Wasserfall runter donnerst, ist das zwar auch eine Art von Flow, aber nicht die, von der wir hier reden. Dafür ist es zu kurzfristig.

Vielleicht hast Du Dich selber mal gefragt, wieso Du nichts auf die Reihe kriegst, wieso Du erst 3-4 Tage vor der Prüfung anfängst, zu lernen. Wieso der Spruch „Ich habe ein Motivationsproblem, bis ich ein Zeitproblem habe" auf Dich zutrifft. „Prokrastination" heißt das, davon habe ich schon einmal gesprochen. Es bedeutet schlichtweg, dass Du alles Wichtige aufschiebst, bis es – vermutlich – nicht mehr anders geht. Das trifft viel mehr Bereiche im Leben, als Du anfangs denkst.
Nicht nur Klausuren. Es geht um das Beantworten von verpassten Anrufen, um Haushaltspflichten, um das Aufstehen morgens, obwohl man weiterschlafen möchte.
Einige der Leute, die diesen Text lesen werden, kommen vermutlich aus der Kraftsport/Kampfsport/Bodybuildingszene, zumindest aus den jeweiligen Amateurbereichen. Und jeder einzelne von ihnen wird über die Aussagen wie „mind is everything" / „wenn es weh tut, noch zwei mehr" oder ähnliches gestolpert sein. Da fragt man sich doch rational – wieso kann jemand kurz vor dem Muskelversagen noch Wiederholungen raus ballern, wieso kann jemand konstant seine eigene Leistung übertreffen – wieso kann jemand beim Feiern weitertrinken, obwohl er weiß, dass es genug ist, wieso kann er weiter auf der Autobahn nach Hause fahren, obwohl er merkt, dass er müde ist – aber wieso kann er nicht aufstehen, wenn der Wecker klingelt, wieso kann er nicht seinen Block, seinen Stift, seine Aufgabensammlung nehmen und anfangen, zu lernen, wieso kann er nicht den Müll runterbringen? Wieso schiebt man alles auf, räumt plötzlich sein Zimmer auf (und findet darin überraschenderweise die Erfüllung schlechthin), hängt stundenlang im Internet rum und lässt einfach die Zeit verstreichen?

Meiner bescheidenen Meinung nach kommt das eigentlich daher, dass man von diesem Ziel nicht hundertprozentig überzeugt ist. Einer meiner sehr schlauen Freunde meinte „Wenn Du Deinen Beruf in seiner Ganzheit liebst, wirst Du keine Minute der Welt mehr arbeiten". Schlussfolgerung: Wenn man seine Aufgabe mag, wenn sie einen interessiert, prokrastiniert man dann noch so hart wie im ungewollten Gegenbeispiel? Vermutlich nicht.

Welche Möglichkeiten haben wir also?

Entweder wir machen einfach nur noch das, was wir lieben, was uns interessiert. Klingt einfach, ist es aber nicht, das weiß jeder. Einige kriegen es trotzdem hin. Die Highscorer sind dann die Jungs bei mir im Studiengang, die irgendeine abstrakte Scheiße Tag und Nacht hoch und runter rechnen können und sich daran aufgeilen. Freut mich unglaublich für sie! Die verdienen sich später dumm und dämlich und haben daran den Spaß ihres Lebens. Ich bin leider anders. Du wohl auch.

Zweite Möglichkeit: Wir versuchen, an unserer Pflichterfüllung Gefallen zu finden. Allem voran der Gedanke „Man wächst an seinen Aufgaben". Ich weiß nicht, ob Dir das Gefühl familiär vorkommt, wenn Du etwas komplett Fremdes irgendwie zu etwas halbwegs Vertrautem machen konntest. Ich hatte den Spaß in der Schule in Mathematik. Im Studium dann nochmal in Elektrotechnik 1+2 – wenn ich das mal kurz beschreiben darf: Ich saß da – sowohl in der Schule als auch im Studium – vor unendlich vielen Themengebieten und hatte nicht den Hauch einer Ahnung von dem, was da auf den Blättern steht. Ziemlich hässliches Gefühl, wenn man sich absolut hilflos fühlt. Das ist das Gefühl, wenn Du ein Semester lang nicht die Vorlesung besuchst und in die Klausurphase kommst, wenn Du Dein Leben lang unsportlich warst und das erste Mal ein McFit betrittst, in dem lauter Leute sind, die ausschauen, als würden sie das schon jahrelang machen – das ist das Gefühl, wenn Du versagst, bevor Du begonnen hast. Dieses verdammte „Fuck, das krieg ich nie hin"-Gefühl. Das ist in meinen Augen eines der meist deprimierenden Gefühle, weil man einfach machtlos da steht. Und im besten Fall noch lauter Leute um sich rum hat, die man nicht kennt, denen gegenüber man vielleicht noch Komplexe hat, die es aber alle irgendwie schaffen werden oder schon sehr gut geschafft haben. Vielleicht kennst Du es, dieses Arschlochgefühl Nr. 1.
Und dann gibt es da noch die Suche nach der besten Reaktion auf dieses Arschlochgefühl Nummer 1:

    a)   Sich zurückziehen, apathisch rumgammeln, nichts gebacken kriegen, rumjammern, sich bemitleiden, die anderen als genetisch begabter betiteln

    b)   „morgen fang ich an" sagen, heimfahren und Bier trinken

    c)   „jetzt wird alles anders"/"jetzt trete ich dem Leben in den Arsch"/"ich werde ab jetzt unfuckwithable" oder ähnliches rumbrüllen, heimgehen und sein gottverdammtes Leben ändern.

Oder auch umgeschrieben:

    a)   Genauso weitermachen

    b)   Sich vornehmen, irgendwann alles zu ändern

c)   Jetzt tatsächlich alles ändern

Zu Punkt eins und zwei werde ich nichts schreiben, das kennen wir alle zur Genüge, Du, Ihr, ich. Wie erfolgsbehaftet das sein wird, kann man sich denken. Es gibt nun einmal Leute, die kriegen es nicht auf die Reihe. Die scheißen höchstoffiziell rein – im Training, in Klausuren, im sozialen Leben – und gehen heim und arbeiten nicht daran. Die setzen sich einfach daheim hin und machen den gleichen Scheiß wie vorher weiter. Wo ist die Logik? Wieso macht man das? Du hast Deine Klausur verkackt? Warum zum Teufel machst Du nicht alles Erdenkliche, um allen Leuten beim nächsten Versuch ins Gesicht spucken zu können, um ihnen zu zeigen, dass Du es doch schaffst? Ich gehe grundsätzlich in Jogginghose und Tanktop in die Erstversuche!

Wenn ich dann im ersten Versuch bestehe, trete ich allen Vorurteilen in den Arsch.

Wenn ich durchfalle und dann im nächsten Versuch bestehe, trete ich erst recht allen Vorurteilen in den Arsch.

Für mich gibt es kein geileres Gefühl, als Leute vom Gegenteil zu überzeugen, wenn sie eine beschissene Meinung über mich haben.

Wieso nicht? Auf der ganzen Welt wird so viel Bullshit geredet. Und jeder von uns hat mal geträumt, irgendwas zu ändern auf der Welt. Wieso nicht damit anfangen, das Bild der anderen über einen selbst zu ändern? Wieso zum Teufel nicht? Wie schön fühlt es sich für Dich an, wenn andere Recht haben, dass sie Dir nichts zutrauen? Freut Dich das? Macht es Dir Spaß, zu sehen, wie Du immer und immer wieder auf die Fresse fliegst, versagst, Dein Leben in den Sand setzt, Deinen Körper ruinierst, Deinen Verstand mit THC und Alkohol Tag für Tag benebelst, um Dein eigenes Versagen zu verschleiern, Deinen Verstand zu benebeln? Gefällt Dir das? Willkommen beim Bodensatz, der noch nie gespürt hat, wie geil es ist, irgendetwas zu erreichen.

Weißt Du, wir sind nicht nur eine Konsumgesellschaft, wir sind auch noch eine Leistungsgesellschaft. Wer früher versagt hat, ist einfach draufgegangen.
Sag Darwin einen schönen Gruß. Heutzutage kann jeder Versager überleben. Und am Ende wird ihm von allen Seiten auch noch eingetrichtert, dass er vor sich hin versagend glücklich ist. Die einzig legitime Frage ist also – wo hört Versagen auf und wo fängt Leistung an? Wieso fällt es einigen Leuten scheinbar leichter, etwas zu leisten, als anderen?

Ich möchte behaupten, dass ich in der Hinsicht selbst nicht der meist gesegnete Mensch bin. Mir kommt ebenso wenig alles zugeflogen wie Dir. Vielleicht ist das der Grund, warum ich noch keine 10 Millionen auf dem Konto habe und noch keinen Lambo fahre (der Aventador in mattschwarz ist übrigens ziemlich geil!).

Andererseits habe ich das gottgegebene Talent, mit dem MiniMax-Prinzip perfekt durchs Leben zu kommen – also so wenig zu möglich zu geben, um grad noch irgendeinen Erfolg zu spüren. Das ist neben meiner Familie vermutlich das größte Geschenk, das mir irgendeine höhere Macht da oben für mein Leben mitgegeben hat. Andere haben dafür ein 1,0 Abi oder nach 8 Monaten Training (Steroiderfahrung: nein) einen 40er Oberarm bei 8% KFA oder bis ins hohe Alter keine Akne oder kein Reizdarmsyndrom.

Wie auch immer – ich bin mir ziemlich sicher, dass Du grandios Dein Leben an die Wand fährst im Moment. Sonst würdest Du einfach nicht die Zeit opfern, um diese hiermit neunzehnte Seite eines Artikels von jemandem, den Du nicht ansatzweise kennst, zu lesen. Ausgeschlossen einige Leute, die es sich zur Lebensaufgabe machen, solche Artikel zu lesen. Tag und Nacht. An der Stelle schöne Grüße, ich bin ein günstiger Artikelschreiber für sentimentalen Bullshit jeder Art.

Zurück zum Thema: Du musst Deinen Arsch hochkriegen. Jeder, der ernsthaft auf die Fresse fliegt, macht alles, um wieder raus aus der Geschichte zu kommen. Frag jemanden, der richtig, richtig krank ist (nicht so wie du mit Schnupfen oder ich mit sonst was) – das sind Leute, die würden ALLES tun, um gesund zu werden.

Lerne, das ewige Versagen zu hassen. Die chronische Unsicherheit vor Prüfungen, dieses „vielleicht" – Du musst es verabscheuen! Wenn Du damit klar kommst, mit dem Versagen, mit dem Staub fressen, mit dem Verlieren – dann mach weiter.

Entweder, Du bist jemand, der stolz auf sich selbst sein kann – oder Du bist jemand, der einfach so lebt, um seine Zeit zu vertreiben und über die Runden zu kommen. Be the hero of your own story. Wenn Du in Deinen Augen kein Held bist, Dich selbst nicht für das respektierst, was Du gemacht hast und machst – dann läuft etwas ziemlich verkehrt, mein Freund.

Werde Dein „ultimate hero", nimm Dir ein Blatt und schreib die besten Eigenschaften auf, die ein Mensch haben kann und arbeite darauf hin.

Stell Dir vor, jemand fragt Dich, wie der perfekte Mensch sein müsste und dann kommst Du und sagst „schau mich an". Und zwar ohne das „niemand ist perfekt"-Gelaber. Du musst Dir das haargenau vorstellen. Wie zuverlässig ist er, wie pflichtbewusst, wie treu, wie stark, wie leistungsfähig, wie emotional, wie kühl, wie gebildet. Bilde Dir Deinen Hero. Werde erfolgreich!

Wenn Du jemand bist, der morgens vom Wecker geweckt wird und schlaftrunken in sein nicht ansatzweise genutztes, langweiliges Leben fällt – dann frag Dich, ob Du so sein willst. Oder ob Du lieber der Typ sein willst, bei dem der Teufel sich denkt „fuck, he's up again!". Du wachst auf und hast jeden Morgen zwei Türen, durch die Du gehen kannst (vorausgesetzt, Du schaffst es überhaupt aufzustehen): Einmal die „scheiße hoffentlich muss ich heute nichts machen"-Tür, hinter der all Deine Aufgaben lauern, die nur darauf warten, dass Du durch die Tür trittst, damit sie Dich nerven, langweilen, verprügeln und zerfleischen können – und einmal die „yes, endlich wach"-Tür, hinter der Deine Aufgaben warten, die Angst vor Dir haben.

Um das zu verdeutlichen, eine der Geschichten, von denen Du noch einige hier im Buch lesen wirst:

Ich bin Sprinter und Kurzstreckenläufer. Ich liebe es, zu rennen, schnell, oft, auspowernd – ich spüre jedes Mal die Kraft, die Explosion beim Start. Aber lange Zeit hat mir irgendetwas gefehlt, ein kleiner Funken der Motivation – dieser Funke sollte erstmalig Feuer in mir fangen, als ich zufällig einen beiläufigen Bekannten auf der Tartanbahn beim Sprinttraining traf. Nachdem wir ein wenig geredet haben, wie es uns so geht, was der andere gerade so macht.. wie das Studium läuft.. - und so weiter, und so fort, Du kennst das – wollte ich aus Spaß gegen ihn sprinten. Ich wusste, dass er gut war, aber ich wollte schauen, ob ich nicht besser bin. Die Suche nach Herausforderung hatte schon lange Fuß in mir gefasst und ich wollte mich immer und immer wieder mit anderen messen. Nicht, um sie als Person zu besiegen, sondern um mir selbst Ziele zu stecken. Konkurrenz belebt das Geschäft, wie man so schön sagt. Deshalb war es mir nur recht, dass er zusagte und wir abgemachten, auf 1600 Meter zu laufen. Nichts Hochoffizielles mit perfekter Zeitmessung, einfach starten, 4 Runden am Stück rennen und sich vom Konkurrenzdenken anfeuern lassen. Ich erwischte einen guten Start und war kurz vor ihm, schon in Gedanken, dass ich wieder jemanden besiegt hätte. Doch er wurde schneller und überholte mich. Ich dachte mir, dass er das Tempo unmöglich über diese Distanz halten könne und überlegte mir schon, in welcher der 4 Runden ich an ihm vorbeiziehen würde. Doch es kam anders – Von Runde zu Runde kamen immer mehr Meter Abstand zwischen uns, obwohl ich an meinem Limit lief. Ich erinnerte mich an das, was ich mal gelesen habe – „wenn Du schnell rennen willst, stell Dir vor, Du wirst von einem Wolf verfolgt und musst so schnell wie möglich davon sprinten". Doch es half nichts, mein Freund wirkte, als wäre der Wolf ebenso hinter ihm her – nein, als würde die gesamte Familie Wolf samt Opa Wolf und Oma Wolf an seinen Fersen hängen.

Tatsächlich erreichte er 10 Meter vor mir die Ziellinie und wirkte dabei nicht mal so, als wäre er von einem Rudel Wölfe gehetzt worden. Er hing nicht japsend, hechelnd, mit gebeugtem Rücken und den Augen Richtung Boden rum – er stand dort, stolz und mit kaltem Blick.

Das ging mir ziemlich auf die Eier, ehrlich gesagt. Ich hatte in meinen Augen alles gegeben, habe meine stärkste Visualisierungsmöglichkeit genutzt und dann steht der Typ so da. Natürlich, er wirkte angestrengt, aber nicht so, als wäre er um sein Leben gerannt. Sichtlich angepisst fragte ich ihn, wie er das gemacht hat und dass ich diese Kämpferpsyche nicht von ihm erwartet hätte.

Er fragte mich daraufhin: „Was für eine Psyche hast Du denn selbst?" – ich antwortete „eine trickreiche. Ich benutze Visualisierung, um schneller rennen zu können." – „Ok cool, woran hast Du gedacht?"

Ich war mir unsicher, ob ich ihm es verraten wollte, weil ich doch ein wenig gekränkt war. Aber ich rang mich doch dazu durch, mit einem kurzen „naja, ich stelle mir vor, dass mich ein Wolf verfolgt und ich wegrennen muss" zu antworten.

Er lächelte und sagte „Da liegt der Fehler, mein Freund. Während Du von dem Wolf gejagt wirst, jage ich den Wolf".

Wenn Du aufwachst, darfst Du nicht das Bild bekommen, dass der Alltag seine Fesseln um Deinen Hals legt. Du brauchst das Bild, dass die Fessel des Schlafs von Dir genommen wird und die ganze Kraft auf einmal bereit zur Entfaltung steht.

Zeit für eine neue Shortstory:

Eines Tages kam ein junger Mann zu Sokrates, der für seine Weisheit bekannt war, und fragte:
„Was ist das Geheimnis für Erfolg im Leben?" Sokrates antwortete:
„Komm morgen früh zum Fluss!" – So geschah es: Am nächsten Morgen standen sie am Ufer und Sokrates sagte: „Jetzt gehen wir in

den Fluss."
Der junge Mann folgte Sokrates bereitwillig – als beide bis zum Hals im Wasser standen, packte Sokrates den jungen Mann ganz plötzlich und drückte dessen Kopf unter Wasser. Der arme Kerl wehrte sich verzweifelt, aber Sokrates ließ ihn nicht los. Lange, lange nicht. Als er endlich seinen Griff lockerte, prustete und hechelte der junge Mann völlig außer sich.
Sokrates fragte ihn. „Als Du dort unten im Wasser warst, was wolltest Du am meisten?" – „Luft natürlich!" keuchte der junge Mann. „Siehst Du," sagte Sokrates, „das ist das Geheimnis des Erfolgs. Wenn Du Erfolg so sehr willst, wie Du unter Wasser Luft wolltest, dann wirst Du auch Erfolg haben."

Dieses Gefühl, genau dieses Gefühl brauchst Du. Wenn Du vor Dich hin schimmelst, nachdem Du gescheitert bist, bist Du nicht hart genug auf die Fresse gefallen. Dann bist Du noch im „geht ja noch bisschen weiter runter"-Stadium. Einzige Lösung: Flieg nochmal hin. Und wieder. Und wieder. So lange, bis Du endgültig einsiehst, dass Du komplett reinscheisst und keine Erwartungen erfüllst. Nicht die Erwartungen der Gesellschaft, nicht die Erwartungen Deiner Eltern, Deiner Freunde und nicht einmal Deine eigenen!

Wenn Du dann keuchend am Boden liegst und unbedingt raus aus der Scheiße willst, dann, genau DANN kannst Du Dich umprogrammieren und Dich selber besiegen. Dieser „Schweinehund" von dem alle reden, ist eine Lüge. Der Schweinehund ist nur die Amplitude des temporären Versagens. Der ist der Typ, der „schauen wir mal, wie es läuft" sagt. Wenn Du am Ende bist, gibt es den Schweinehund nicht mehr. Dann gibt es nur noch den Weg nach oben - oder das ewige Verlieren. Und wenn dann noch ein Restfunke Stolz in Deinem Kern glüht, dann wirst Du erfolgreich.

Du brauchst eventuell eine gute Portion Willensstärke als Antrieb, um Ziele zu erreichen. Es soll Leute geben, die können einfach ihre Programme abspulen, ohne sich Gedanken darüber zu machen, ohne Rückschläge zu erfahren. Zu denen gehörst Du vielleicht ebenso wenig wie ich. Immer wieder kommen irgendwelche kleinen Hindernisse, manchmal auch irgendwelche großen Hindernisse. Aber vergiss nicht, mit Steinen, die einem in den Weg gelegt werden, kann man eine schöne Straße bauen. Oder man kann damit Leute abwerfen, die man nicht mag.

Manche Leute haben Ihr Ziel als eine Art Stadt visualisiert, die sie erreichen wollen. Und der gesamte Weg bis dorthin ist eine Straße mit Schlaglöchern, kleinen Hügeln – aber vielleicht auch mit Leuten, die Du auf dem Weg triffst und die zusammen mit Dir ein Stück der Strecke gehen. Dazu aber später noch mehr.

Diese „Zielstadt" ist aber oft umschlossen von einer Mauer. Randy Pausch meinte 2007, dass diese Mauern nicht ohne Grund existierten. Diese Mauern sind nicht gebaut, um uns grundsätzlich auszuschließen, sondern um uns eine Chance zu geben, zu testen – und zu beweisen – wie sehr wir etwas wirklich wollen. Sie sind dafür da, um die Leute auszuschließen, die diese Stadt, dieses Ziel, nicht erreichen wollen, die es nicht verdient haben.

Die Mauer kann sich nicht nur als eine einzige Mauer darstellen – es können ganze Mauerensembles komponiert werden, die Mauer kann in Menschenform auftreten, als Schicksalsschlag, als eine Wand aus Panzerglas, gegen die man erst einmal solide dagegen rennt, sich die Nase bricht und etwas planlos am Boden liegen bleibt. Dann liegst Du da und weißt „hier geht es nicht weiter – aber warum, das weiß ich nicht". Merke: Diese Mauern sind asozial. Versuch, außen rum zu gehen. Such weiter nach Wegen. Konstruier Dir ein Gebilde, um über die Glasmauer steigen zu können. Du weißt nicht, wie hoch sie ist, also investier so viel Kraft wie möglich, damit Du mit hoher Wahrscheinlichkeit drüber kommst.

Weißt Du, wenn Du nie an Deine wirklichen Grenzen gestoßen bist, hast Du nicht die geringste Ahnung, wie Du Deine persönliche Messlatte ausrichten sollst. Du wirst nie erfahren, wie gut Du eigentlich irgendwann hättest sein können, Du wirst nie sagen können „Yep, genau hier ist die Grenze. Ab hier geht es einfach nicht weiter". Du wirst für immer unter Deinen Möglichkeiten bleiben, und das alles nur, weil Du zu faul, zu müde, zu antriebslos warst, um an diesen Mauern zu arbeiten, um MIT diesen Mauern zu arbeiten.

Ich habe selber lange überlegt, wieso gewisse Leute erfolgreich geworden sind. Einer der Wege war: Keep it simple. Viele Leute, gerade im BB/Kraftsportbereich, zeigen mir immer wieder:

Diejenigen, die am meisten erreicht haben, sind diejenigen, die das Ganze so simpel wie möglich halten, während diejenigen, die es nicht auf die Reihe kriegen, sich an Details aufhängen. Hör auf mit dem Scheiß.

Du wirst inzwischen vermutlich realisiert haben, dass ich eher der Spätzünder-Typ bin, wenn ich überhaupt mal zünde.

Ich rede hier die ganze Zeit davon, sich zu pushen. Der Haken ist – es gibt Leute, die bleiben einfach Spätzünder. Ich zum Beispiel. Ich habe wohl alles Mögliche getan, was in meiner bescheidenen Macht liegt – aber ich kann mich (noch) nicht von Grund auf ändern. Das einzige, was ich machen kann, ist: Jeden Tag aufstehen und wieder neu Fuß fassen. Versuch, konstant dabei zu bleiben. Wenn es nicht geht, Arschkarte. Dann musst Du jeden Tag zünden und Dich neu motivieren. Jeden verdammten Tag.

Dann bist Du eben kein Fließbandarbeiter, der direkt neben dem Fließband schläft, sondern jemand, der ein Stockwerk drunter pennt und jeden Morgen die Treppen hochlaufen muss. Vielleicht brauchst Du diese geistige Rüstzeit einfach und kannst nicht simpel, ohne Vorlauf, funktionieren.

Nun, Erfolg an sich muss nicht durchweg positiv und erstrebenswert sein. Vielleicht hat der ein oder andere von Euch da draußen den Film „Coach Carter" gesehen – dort kommt folgendes Zitat zum Einsatz:

Our deepest fear is not that we are inadequate. Our deepest fear is that we are powerful beyond measure. It is our light, not our darkness that most frightens us. We ask ourselves, who am I to be brilliant, gorgeous, talented, fabulous? Actually, who are you not to be? You are a child of God. Your playing small does not serve the world. There is nothing enlightened about shrinking so that other people won't feel insecure around you. We are all meant to shine, as children do. We were born to make manifest the glory of God that is within us. It's not just in some of us; it's in everyone. And as we let our own light shine, we unconsciously give other people permission to do the same. As we are liberated from our own fear, our presence automatically liberates others."

Ich möchte Dich absolut nicht für blöd halten, wenn ich Dir das hier frei ins Deutsche übersetze – aber vielleicht kommt die Grundaussage so für Dich minimal tiefergehend, eindringender rüber. Dann hätte es sich schon gelohnt.

Unsere größte Angst ist nicht, dass wir als Mensch nicht fähig genug sind. Unsere größte Angst ist, dass wir alles erreichen können. Es ist nicht die Niederlage, die uns in unbekannte Angst versetzt, es ist der strahlende Erfolg, die mögliche Brillanz unserer Taten, die uns so verunsichert. Unser hellster Schein, nicht unser dunkelster Moment stellt für uns den worst case dar. Wir fragen uns – wieso sollte gerade ich so bezaubernd, talentiert, perfekt sein, um all das zu schaffen? – Tatsächlich aber sollten wir uns viel eher fragen – warum nicht? Wieso sollte gerade ich NICHT so erschaffen worden sein?

Wieso sollte ich nicht dieser Auserwählte sein? Dadurch, dass Du Dich selbst unter Deinen Möglichkeiten lässt, dadurch, dass Du Dein Talent nicht ausschöpfst und nicht alles gibst – dadurch machst Du die Welt nicht besser. Wenn Du Schatten um Dich herum siehst, wirst Du sie nicht verschwinden lassen können, indem Du selber zum Schatten wirst, nur, damit sich andere neben Dir nicht schlecht fühlen. Jeder einzelne von uns ist dafür erschaffen, das bestmögliche aus sich rauszuholen. Jeder verdammte Mensch. Diesen Kern, diesen Auftrag –nicht nur einige von uns tragen ihn in sich, sondern jeder von uns. Niemand kam auf die Welt, um nutzlos zu sein.

Sobald wir selbst anfangen, zu scheinen, können wir unser Umfeld erhellen. Nur mit unserem eigenen Licht können wir die dunklen Ecken erhellen. Unvermeidbar wirst Du dieses Licht, die Aura, ausstrahlen und jeder um Dich rum kann davon profitieren, wenn er nur möchte. Sobald wir unsere Ängste erkannt und gebannt haben, können wir ebenso anderen helfen, deren Ängste zu kontrollieren. Sei kein Schatten, der aus Mitleid zu anderen Schatten für immer selbst in der Dunkelheit verweilt. Werde zu einem Licht, an dem sich Deine Umgebung wie an einem Leuchtturm im vernebelten Hafen orientieren kann.

(Ich bin mir darüber im Klaren, dass „unconciously" im Allgemeinen nicht mit „unvermeidbar", sondern mit „unbewusst" übersetzt wird. Dennoch bin ich der Meinung, dass ein Wort, das eine Konsequenz beschwört, besser trifft als ein Wort, das die Absicht beschreibt.)

Ich hoffe, die Schattenmetapher kam grob bei Dir an. Diese Angst vor Erfolg, vor der eigenen Vollkommenheit, ist viel verbreiteter als man zunächst denken würde. Die Gründe für diese Angst sind völlig logisch – auch wenn man im Alltag selten darüber nachdenkt.

Mit Erfolg verbinden die meisten Leute etwas Positives - vielleicht ausschließlich positive Gedanken – die negativen spielen sich im Unbewusstsein ab.

Da wäre zum Beispiel die ganz einfache Angst vor der Verantwortung, die die meisten Erfolge mit sich bringen. Bin ich der Zeit nach dem Erfolg gewachsen? Was mache ich, wenn ich den Schritt zum Erfolg nur durch Zufall oder mit viel Glück gehen kann – und danach vor einem Aufgabenbereich stehe, dem ich mich nicht gewappnet fühle? Wenn die Leute Sachen von mir erwarten, wenn sie von mir als Person etwas erwarten, was ich nicht sein kann? Wenn sie von mir verlangen, Licht ins Dunkel zu bringen?

Das ruhige, seichte, flache Leben könnte vorbei sein und eine 60-Stundenwoche bevorstehen. Aus dem ruhigen Gewässer wird ein gestresstes, aufbrausendes Meer.
Vorbei das gechillte Rumhängen. Und nie wieder wird man in dieses alte, verantwortungslose young&wild&free-Leben zurückkehren können.

Was würdest Du tun, wenn Du keine Angst hättest?

Gleichzeitig kommt oft eine Veränderung rein, die einen aus der Bequemlichkeitsspirale heraus reißen würde. Etwas Unbekanntes, nach der Erleuchtung kommt quasi wieder ein neuer Schatten, den man erhellen muss. Wie lange wird das gut gehen? Das ewige Schatten-Lampe werden-Schatten erhellen-neuer Schatten-Lampe werden-Spiel?

Wir verlassen mit jedem Schritt nach vorne ein Stück unserer Bequemlichkeitszone. Damit verlassen wir nicht nur etwas - wir lassen tatsächlich etwas zurück. Vielleicht Freunde (Schatten?), die den Sprung nicht schaffen. Wir weichen eventuell von der Erwartungshaltung unserer Eltern, unserer Freunde ab, wenn wir einen neuen Weg erfolgreich bestreiten.

Du siehst – je länger man darüber nachdenkt, desto mehr kann man sich in diese Gedanken hineinversetzen, es werden neue dazukommen und vielleicht erkennst Du nun, warum es wirklich Leute gibt, die sich gegen den Erfolg wehren – wenn auch nicht bewusst. Der Schritt, Dir all diese Möglichkeiten vor Augen zu führen, ist unglaublich wichtig. Damit ziehst Du diese konterkarierenden Gedanken aus dem Unbewusstsein in das Bewusstsein. Du kannst Dir selber bewusst überlegen, wovor Du Angst hast und darauf reagieren.

Sobald all das greifbare Gedankengänge sind, mit denen Du arbeiten kannst, ist ihr negativer Effekt nicht mehr so stark. Methatesiophobie schimpft sich diese Erfolgsangst übrigens auf Fachchinesisch, „Angst vor Veränderungen". Auch, wenn einem bei dem Thema sofort Prüfungen oder berufliche Karrieren in den Kopf schießen – das ist viel größer und immer wieder geht es darum, sich der unbewussten Ängste bewusst zu werden. Es geht um Leistungen im Sport. Um die Erwartungshaltung der anderen - „wenn ich das jetzt mache, wird das immer wieder von mir verlangt/erwartet".

Du kannst das runter brechen auf so ziemlich jeden Lebensbereich. Es soll Leute geben, die Angst vor einer glücklichen Beziehung haben. Witzig, oder?

2. DIE ANDEREN

Ich habe gerade nur eine schwammige Vorstellung dessen, mit welcher Erwartungshaltung Du an dieses Kapitel rangehst. In meinem Regal findest Du ein paar Ratgeber über Smalltalk, Charisma und die Auswirkung der Stimme auf Gesprächspartner, ich habe ein paar eBooks über Manipulationstechniken verschiedener Institutionen gelesen und ein paar Seminare über „Gedanken lesen" mitgenommen, live und auf DVD.

Der Gedanke, sein Umfeld komplett analysieren zu können, hat mich beflügelt. Irgendwann, vermutlich ungefähr in meinem 19. Lebensjahr, habe ich damit angefangen, die Leute um mich rum genau zu beobachten. Die ersten Bücher über Verhaltensanalysen kamen und ich begann, verschiedene Reaktionen oder Sätze vom Gegenüber zu provozieren. Das hat erstaunlich gut geklappt, ehrlich gesagt.

Es folgte eine Zeit der Selbstüberwindung – wie wirke ich auf komplett fremde Leute, wenn ich verschiedene Sachen sage, wann muss ich meinen Kopf wie drehen, um die Frau dazu zu bringen, mir näher zu kommen, weil Ihr Gehirn auf Zuneigung programmiert ist und lauter solche Späße. In der Zeit bin ich auch die ersten PUA- und NLP-Schritte (siehe Kapitel 4.3 & 4.4) gegangen. Konsequent beendet habe ich keines dieser Gebiete, aber sie haben auf alle Fälle die Grundlagen gelegt.

Langsam kotzt mich diese Differenzierung wirklich ein wenig an, aber es geht nicht anders – die Leute, die mich kennen, werden jetzt hier vielleicht einen Guide zum „Menschen lesen" erwarten. Tipps, wie sie Ihre Wirkung auf andere Leute ändern.

Das wird es in der Form nicht geben, weil ich da selbst noch zu unsicher bin.

Was ich aber auf alle Fälle zu Beginn des Kapitels loswerden möchte, ist angelehnt an eine Zeile aus Animus' Track der HDF-Serie:

Es ging um ein wirklich hässliches Pärchen, das absolut nicht den optischen Anforderungen der Gesellschaft entsprach. Und der liebe Animus erzählt dann sinngemäß

„...die nicht den besten Partner suchten, sondern sein wollten".

Das ist der Punkt, den wir bei dem gesamten Kapitel nicht aus den

Augen verlieren dürfen – die ganze Welt ist eine Maschine und wir sind das Zahnrad, auf das wir den größten Einfluss haben.

Wenn Du mal probiert hast, Dich selber zu verändern, wirst Du Dir denken „Okay, fuck. Das geht nicht so von heute auf morgen" – und dabei hast Du alle Parameter, die erforderlich sind (vermutlich): Ein Ziel vor Augen, den Antrieb, die Motivation, den Willen.

Und jetzt stell Dir mal vor, dass Du jemanden aus Deinem Umfeld ändern möchtest.
Behalte diesen Gedanken bitte jedes Mal im Hinterkopf, wenn Du jemanden kritisierst – es wird Dir vielleicht helfen, die richtigen Worte zu finden.

2.1 Kritik

Aber gut, fangen wir an – was können wir über „die anderen" schreiben? Wir könnten mal erzählen, wie wir sie ändern. Wie wir in dieser Maschine ein paar Zahnräder drehen, die Zacken neu aufpolieren, eine Unwucht korrigieren und ein glänzendes Uhrwerk produzieren.

Fragt sich doch – ist das Zahnrad generell krumm/schief/unnütz oder nur in unseren Augen? Du hast vermutlich in der Schule einmal davon gehört, dass man sich in die Position eines „neutralen Beobachters" begibt. Mach das mal. Stell Dir vor, Du bist nicht Du, sondern jemand, der die zu ändernde Person von außen betrachtet (übrigens auch schön auf Dich anwendbar). Leg alle Vorurteile ab, jegliche Vorgeschichte, schau Dir ihr Verhalten, ihren Tagesablauf an. Egal, ob der Mensch Deine Freundin, Dein bester Freund, Deine Mutter oder Dein Bruder ist, dem Du Vorwürfe machen möchtest. Vergewissere Dich, dass es nicht nur Deine temporäre Stimmung ist, die Dich die Wand hochgehen lassen könnte.

Wenn Du das geschafft hast und der Meinung bist, dass es wirklich etwas Allgemeingültiges ist, was schief läuft, dann bist Du schon sehr gut dabei. Wenn Du es jetzt noch schaffst, Dich in diese Person reinzuversetzen (dauert keine Minute), um Dir zu überlegen, wie Du Kritik am besten entgegennimmst (sowohl kurz- als auch langfristig), kannst Du Ansagen machen, ohne Dir später Vorwürfe machen zu müssen, dass Du nicht mit allen Dir zur Verfügung stehenden Mitteln gehandelt hättest.

Ich bin selber so ein kleiner Weltverbesserer. Mein halber Freundeskreis besteht aus unpünktlichen Leuten. Diese Methode da oben habe ich mir nicht ausgedacht, ich habe sie selber erprobt. Viele, viele Male. Manchmal habe ich gesagt „hey Jungs, wäre cool, wenn Ihr um 13 Uhr vor Ort seid, wenn wir uns um 13 Uhr treffen wollen", manchmal bin ich komplett ausgerastet und habe gesagt, dass ich einfach keinen Bock mehr habe, der einzige zuverlässige Mensch zu sein, wenn man etwas ausmacht.
Bei einigen hat ein Kritikversuch gezogen, bei manchen nicht. Jetzt könnte man sich fragen – wieso nehme ich das immer wieder in Kauf, 20 Minuten vor dem Restaurant zu warten? Wieso bin ich der einzige, der vor dem Club eine Kippe nach der anderen raucht, während der Rest der Mannschaft nicht einmal zu meiner Geburtstagsfeier pünktlich kommen kann?

Ganz einfach: Weil es um den Kompromiss geht. Und wenn sie die unpünktlichsten Menschen der Welt sind, ich bin gerne unter ihnen, weil sie meine Fehler (die ich auf jeden Fall habe) ebenso akzeptieren.

Ich hatte eine durchaus längere Zeit, in der ich kritisierend durch die Welt gestürmt bin wie ein Huhn, dem man die Schwanzfedern geklaut hat. Und dann kam eines Tages einer meiner Leute und hat gemeint „check mal bitte nebenbei ab, ob Du selber so perfekt bist, wie Du uns hier alle zu sein erwartest".

Abgesehen von der komplexen Satzstellung, die mir noch nach 4 Bier entgegen geschleudert wurde, hat mich der Inhalt ziemlich geflashed und heute weiß ich, dass man das folgende Gespräch auf die Einleitungsstory mit dem dicken Pärchen dieses Kapitels hätte runter kochen können.

2.2 Der Umgang

Ich werde Dir hier nicht auflisten, was für Leute Deine Umgebung darstellen sollten.

Sowas würde ich mir nie anmaßen – aber eines kann ich Dir mit auf den Weg geben:

Fang an, Leute kennenzulernen! Es geht nicht darum, eine 5stellige Anzahl an Facebookfreunden zu erreichen, sondern darum, verschiedene Eigenschaften der Leute „mitzunehmen", anpassungsfähiger zu werden und Kontakte über weite Distanzen hinaus zu knüpfen.

Die Leute werden kommen und gehen, das ist der Lauf der Dinge. Wir, unsere Generation, sind – meiner Meinung nach – nicht mehr für das „Nestleben" konzipiert. Wir streben nach Expansion, auch im sozialen Bereich. Was glaubst Du, wie geil es ist, wenn Du in Barcelona am Flughafen landest und weißt „hey, ich kenn hier keinen Schwanz, aber gib mir 2 Wochen und ich bin umgeben von Leuten, die meine Anwesenheit ertragen und traurig sind, wenn ich weiter fliegen muss"? In Barcelona, in Miami, in Peking. Das meine ich mit „anpassungsfähig".

Falls Du das letzte Kapitel dieses Buches über mich gelesen hast, wirst Du Dir denken, dass ich selten raus aus Nürnberg gekommen bin. Aber die paar Male haben mir gereicht, um die lokalen Unterschiede in Sprache, Denken und Habitus festzustellen. Und anfangs fiel es mir wirklich schwer, nach ein paar Jahren „Festsitzen" adäquat zu reagieren.

Aber das ist der nächste Punkt, an dem wir arbeiten können und müssen. Unseren Charakter beizubehalten, aber dennoch so umgänglich werden, dass wir überall zumindest überlebensfähig sind und sogar willkommen geheißen werden.

2.2.1 Die Älteren

Such Dir ältere Leute. Das heißt Dein Alter +10-20 Jahre. Von den Leuten, die 35-45 Jahre alt sind, habe ich die besten Tipps meines Lebens bekommen bisher. Das ist – anscheinend – so die Grenze zwischen „akzeptiert mich noch und hilft mir" und „Generationensprung – die Jugend von heute".

Überleg Dir, wo Du solche Leute findest und bring sie dazu, an Dich zu glauben. Irgendwann werden sie in Dir das Potential sehen, ihre persönlichen Fehler – nicht! – zu begehen. Sie müssen an Dich glauben, sie müssen denken, dass Du es irgendwann „besser haben sollst als sie". Wenn Du sie so weit hast, habt Ihr den perfekten Kompromiss – Du bringst die jugendliche Frische, die Innovation, die neuen Geschichten in Ihr Leben; sie vermitteln Dir die gesamte Erfahrung, ihre Werte, ihr Weltbild, sie bewahren Dich vor ihren Fehlern.

Vielleicht ist es schwierig für Dich, mit Leuten, die so alt sind wie Deine Eltern, in Kontakt zu treten. Such den Kontakt zur Generation über Dir, um aus ihren Erwartungen, ihren Fehlern zu lernen.

Erfahrung ist nichts, was man kaufen kann. Du kannst sie auch nicht geschenkt bekommen und selbst, wenn Du sie erzählt bekommst, kannst Du nicht jeden Baustein der Geschichte nutzen. Das ist nur eine kleine Chance, aber nutze sie – das sind Sachen, die wirst Du sonst nirgendwo bekommen. Irgendwann ist ihr Leben vorbei und Du musst Deine eigenen Erfahrungen nutzen, Du wirst keine Ahnung haben, was auf Dich zu kommt, Du wirst ins kalte Wasser geworfen werden. Nutze die Gelegenheit, Dich vorher zu informieren. Wenn Du weißt, dass Du irgendwann einen Test hast, eine Klausur, lernst Du auch vorher – wieso also solltest Du die Gelegenheiten verstreichen lassen, Sachen über das Leben zu lernen?

Die Sachen, auf die es ankommt, lernst Du nicht aus diesem Buch. Nicht von einem 22/23-jährigen Hobbypumper.

Fang klein an. Gewöhn Dich an den Umgang mit dieser Altersklasse. Frag alte Frauen auf dem Parkplatz vor dem Supermarkt mit einem schüchternen Lächeln im Gesicht, ob Du ihnen helfen sollst, halte den Rentnern die Türen auf, wenn Ihr ins gleiche Gebäude geht und warte geduldig, bis sie draußen sind.

Nimm ihnen das schlechte Bild der verkorksten Generation nach ihnen.

Wir können so viel wieder gut machen, was andere Leute unserer
Generation falsch gemacht haben. Gib den Leuten das Gefühl, dass Du
Dich für sie interessierst, dass Dir ihr Leben, ihre Rente nicht scheißegal
ist. Und wenn Du richtig cool bist, ist es Dir irgendwann wirklich nicht
mehr egal.

Es müssen keine 10 Jahre Altersunterschied sein – gerade in unserem
Alter um die 20 sind Abstände von 2-3 Jahren eklatant. Tritt mit den
Leuten in Kontakt und lerne von ihnen. Wecke in ihnen diesen Gedanken
„der ist zwar erst X Jahre alt, aber reif und ziemlich cool".

2.2.2 Die Jüngeren

Natürlich gibt es noch die andere Seite. Die Leute, denen Du etwas erzählst über das Leben. Es fängt an mit Deinem 5jährigen Neffen, mit dem Du im Park Fußball spielst und es endet bei dem Typen aus der Klasse unter Dir, für den Du irgendwie ein Vorbild bist – oder sein solltest.

Junge Leute orientieren sich eigentlich automatisch ein wenig an den älteren, wenn sie nicht von Natur aus absolut abgehoben sind.

Stell sicher, dass die Leute etwas von Dir lernen könnten, wenn sie es wollten – nicht zwingend in der Gesamtheit. Niemand verlangt von Dir, der Prototyp des Guten zu sein. Es geht um die Einstellung und um das kurzfristig daraus resultierende Ergebnis. Um Sachen, die von außen beobachtet werden können. Noch viel stärker als bei den älteren Menschen.

Die Vorbildfunktion ist eine Sache, die viele Leute in unserem Alter unterschätzen. Jüngere Leute sind so leicht zu begeistern. Von Muskeln, von Autos, von Geld, von Anzügen, von Charakterstärke, von Entschlossenheit – das ist vielleicht auch einer der Gründe, warum Leute in der Pubertät auch so gerne abdriften, in Vereinigungen jeglicher Couleur.

Du weißt vielleicht, dass ich viel mit Kids im Alter von 16-18 Jahren zusammen arbeite. Und ich versuche, ihnen einen anderen Nährboden zu geben. Nichts Kriminelles, nichts Hässliches, was gegen jede Moral verstößt.

Ich versuche, ihnen zu helfen, neue Perspektiven zu ergreifen. Ihnen so ein Bild von diesem Leben ohne „schädliche Nebenwirkungen" zu geben, dass sie merken „okay, das gibt es auch noch – ich kann etwas erreichen im Leben, ich muss nicht dauernd Weed verticken".

Leb den Leuten vor, wie Du die Generation nach Dir haben möchtest. Du darfst nicht über die Generation, die Dir folgt, schimpfen, wenn Du nie versucht hast, sie zu ändern. Denk dran. Wenn ich Dich in 40 Jahren auf der Straße sehe und Du den Satz „ich habs schon immer gesagt, nach uns kam nichts Vernünftiges mehr" anfängst, werde ich richtig, richtig sauer, wenn Du bis dahin nie versucht hast, sie zu ändern.

Wie sollen die Leute „gut" werden, wenn schon die Generation vor ihnen dauernd böse schauend mit mies gelaunten Gesichtern rumläuft, wenn wir das Lächeln von unseren Straßen verbannt haben?

Deshalb: Akzeptier es, wenn jüngere Leute Dich nerven. Wenn sie versuchen, cool zu sein vor Dir. Sag ihnen, was in Deinen Augen korrekt ist und was nicht. Spiel öfter mal den großen Bruder und genieß es, dass die Leute etwas von Dir lernen wollen oder Bestätigung von Dir möchten.

Du siehst, das alles ist eine Art Kreislauf.

Es ist eine der besten Sachen, die man jemandem geben kann: Die Chance, ihnen zu zeigen, wie es sich anfühlt, andere Leute zu begeistern, glücklich zu machen, Visionen zu haben und zu realisieren.

2.2.3 Gut und Böse

Dieses Thema ist für mich persönlich sehr wichtig – das hat zwei Gründe. Der erste ist, dass ich selber lange gebraucht habe, um den Umfang zu realisieren und zu „zünden". Der zweite Grund ist, dass dieses Unterkapitel das erste große „Gemeinschaftskapitel" meiner Jungs und mir ist, in dem ich wirklich explizit Argumente klaue und mir ihre Texte dazu ein paar Mal durchlese.

Ich war positiv überrascht, dass doch einige Leute das Prinzip schon längst erkannt haben und sogar anwenden – verbunden mit ihren eigenen Beschreibungen hat mir das eine ganz gute Basis geliefert, um darüber etwas zu schreiben.

Hier handelt es sich nicht um das Engel/Teufel-Denken. Es geht darum, einen Blick auf die Leute zu werfen, die einen umgeben.

Du wirst ein paar Seiten später in diesem Buch eine Geschichte über einen Canyon lesen (Kapitel 4.1), die beschreibt, wie Leute zusammen unproduktiv sind. Ohne dem vorgreifen zu wollen – werfen wir einen Blick auf Leute in unserem Umfeld, die uns einfach gut tun. Leute, die gut für unsere Entwicklung sind.

Weißt Du, wir haben alle unsere Vision von den perfekten Menschen. Meine Vision ist vielleicht ein wenig anders als Deine – vielleicht ist mein perfekter Mensch ein bisschen gechillter als Deiner, vielleicht hat er nicht das Boss-Lächeln sondern ein natürlicheres Lächeln. Wir alle haben ein Ideal und am meisten streben wir insgeheim danach, selber so zu sein, bevor wir daran denken, dass unser Umfeld so sein sollte.

Nimm Dir ein paar Atemzüge Zeit und überlege, welche Namen Dir einfallen, wenn ich Dich nach „positiven Menschen" in Deinem Umkreis frage. Welche Leute, Männer, Frauen, jeden Alters, fallen Dir dazu ein? Wenn ich Dich frage „wen siehst Du am öftesten lächeln?", „wer ist Deiner Meinung nach am zielstrebigsten?", „wessen Gegenwart genießt Du am meisten?", „wo bist Du am meisten Du selbst?", „bei wem hast Du das Gefühl, dass Du von ihm lernen kannst?", „wer wird vermutlich am erfolgreichsten, im gesamten Leben?" – welche Namen fallen Dir ein; welche Personen sind das? Such sie Dir raus. Es sind normalerweise nicht viele und wenn man selber kein absoluter Winner ist, hat man auch nicht nonstop mit ihnen zu tun. Komm Dir nicht schlecht vor, wenn diese Leute (noch?) nicht in Deinem allerengsten Umfeld sind. Wir haben Angst vor erfolgreichen Menschen, das ist etwas völlig Normales.

Aber diese Angst musst Du verlieren. Lass die Berührungsängste in der Ecke liegen und bau den Kontakt zu ihnen aus. Wir, unser gesamtes Wesen, sind ein Produkt unserer Umwelt. Wenn wir umgeben sind von erfolgreichen Leuten, wie könnten wir da jemals deutlich unter unseren Möglichkeiten bleiben?
Such Dir Leute, die Dein Ziel verfolgen und lass die Mischung aus Gemeinschaft und Konkurrenzkampf Euren Weg pflastern. Ich muss und musste im Studium immer wieder die schmerzhafte Erfahrung machen, dass Leute aus Lerngruppen einfach deutlich schneller beim Lernen vorankommen. Nicht nur, weil sie vielleicht einfach schlauer, begabter oder ehrgeiziger waren – nein, sie waren eine Gruppe von Leuten, die ein Ziel vor Augen hatten. Wenn einer gerade keinen Bock hat, wird er gnadenlos mitgeschleift. Wenn in dieser Gruppe einer war, der nur jedes zweite bis dritte Mal dabei war, wurde er schlichtweg aussortiert, weil er die Gruppe aufgehalten hat.

Und somit kommen wir zu den Bösen.

Ich behaupte, dass jeder mit einem durchschnittlichen Umfeld den einen oder anderen Komplettversager in seiner näheren Umgebung hat. Wenn Du selbst der Versager bist, dann arbeite an Dir. Wenn es jemand anderes ist, überlege Dir, wie Du mit ihm verfährst.

Unter „2.2 Der Umgang" habe ich Dir erzählt, wie ich vorgehe, wenn ich Leute kritisiere. Vielleicht hilft Dir das ansatzweise – ein anderer Ansatz ist:

Überleg Dir, wieso Du ihn in Deiner Umgebung hast. Welchen Vorteil ziehst Du, zieht er, zieht Ihr daraus? Irgendwo merkt man ja, wenn jemand einen dauernd runterzieht. Selbst dann gibt es manchmal noch Gründe dafür, die Person nicht „aus dem Leben zu kicken" – das sind Gründe, die in Textform nicht erklärbar sind, Liebe, Tradition, gemeinsam erlebte Sachen, die Perspektive. Daher will ich Dir da keine Vorgaben machen. Überleg Dir, ob Du die Leute wirklich brauchst, ob es sich lohnt. Ob diese Person Dir nicht im Weg steht, - oder, falls Du Energie in sie investieren möchtest, damit sie wieder „positiv" wird – ob die Energie nicht bei einer anderen Person besser angelegt wäre.

Das sind hässliche Gedanken, ich kenne sie. Manche Leute haben sich diese Gedanken vermutlich auch schon über mich gemacht. Ob ich es noch wert bin. Ich kann inzwischen aber guten Gewissens sagen, dass ich niemandem im Weg stand. Lass Dir ebenso niemanden im Weg stehen. Die ewige Freundschaft, die ewige Liebe, all das sind Faktoren, die ich hier nie ansprechen wollte, weil es zu irrational ist und ich dafür nicht genug Lebenserfahrung habe, um Urteile darüber zu bilden. Aber ich bin mir sicher, dass es Leute gibt, für die diese Liebe oder diese Freundschaft sehr viel wert ist und kämpfenswert erscheint.

Wenn Du kämpfen möchtest, kämpf. Aber dann kämpf nicht slow&steady, sondern Vollgas. Versuch, die Leute aus der Scheiße rauszuziehen. Entweder, Du schaffst es innerhalb eines gewissen Zeitraums oder Du musst sie aufgeben, nachdem Du alles getan hast, was in Deiner Macht stand. Aber verschwende keine Zeit mit ihnen. Lass Dir nicht von ihnen Deine Energie entziehen. Diese Energie, die so wichtig, so wertvoll ist. Diese Energie, mit der Du so viel machen könntest – so viel Besseres, als sie an Leute zu verschwenden, die sie nicht wert sind.

Vielleicht brauchst Du einen groben Überblick über die Eigenschaften dieser Leute:
Sind sie extrem introvertiert, siehst Du sie selten ehrlich lachen, kriegen sie wenig auf die Reihe, sind sie oft aggressiv, fehlen ihnen Perspektiven – solche Merkmale legen „böse" Leute an den Tag. Das ist grundsätzlich keine Vorverurteilung. Ich habe lediglich festgestellt, dass solche Leute mir nicht gut tun und ich nach einigen Versuchen, ihr Leben besser zu gestalten, den Kontakt stark abschwäche, weil ich nach einigen Fehlschlägen Gefahr laufe, von diesen Pessimisten mit runtergezogen zu werden.

Wenn Du Dich darin wieder erkennst – ändere etwas. Nochmal. Ändere das. Wenn Du es nicht Dir zuliebe tun willst, dann mach es für Dein Umfeld. Die Leute können Dich eher brauchen, wenn Du happy bist und Dir den Arsch aufreißt als wenn Du zockend, schüchtern und perspektivlos daheim sitzt. Um mal alle Klischees auf einmal in einen Topf zu werfen.

Das bedeutet nicht, dass Du Leute hängen lassen musst, sobald es ihnen scheiße geht. Sei ein guter Freund für sie, sei da für sie. Aber zeig ihnen so gut und hart wie möglich, dass der Weg in ewiges Versagen weder Dich noch sie weiterbringt.
Wer ernsthafte Probleme hat, rutscht gerne mal ab. Verhindert das gemeinsam!

Ein weiterer Punkt wurde vor allem in meinen Kreisen durch einen gewissen Ästhetik-Bodybuilder berühmt.

"Don't ever pay people out or put people down. Instead just put yourself up and let the haters do their thing. I'd rather be a person that's hated on, than a person that does the hating."

Und da greift unser Problem:

Wieso reden wir Leute schlecht? Wieso lästern wir, verbreiten Gerüchte, schubladisieren die Menschen in unserem Umfeld? Nachdem der Mensch anscheinend von Natur aus Egoist ist, wird es nur einen Zweck haben: Sich selbst höher zu werten. Aus einem „wie scheiße ist Person X eigentlich" wird immer ein „da siehst Du mal, wie gut ich hingegen bin".

Joe Rogan meinte einst

And it's important to not give in to jealousy, when you see someone doing something that you're not doing and you feel like f*ck I'm not doing.. there's an instinct to protect yourself by bullsh!ting yourself and becoming jealous and bitter and talking sh!t about that person and that's where haters come from. What haters are, 100% of all haters in the world are unrealized potential.

Im weiteren Verlauf dieses Podcasts, in dem er das erwähnte, kam er zu dem Punkt, dass die erfolgreichen Leute – die Leute, die keine Hater sind – einfach keine Zeit und keine Energie zum neidisch sein haben. Sobald sie irgendeinen Punkt sehen, der sie neidisch machen könnte, sagen sie sich – fuck, ich kann das auch. Sie lassen nicht zu, dass sie sich selbst verarschen und diese Person – wenn auch nur in Gedanken – nieder machen, sondern nutzen es als Inspiration.

Niemand darf verbieten, über andere Leute zu reden. Aber wir müssen dringend überlegen, was wir über andere Leute erzählen, wie wir argumentieren. Schon alleine deshalb, weil sie selten dabei sind und die Chance haben, sich zu rechtfertigen.

Wir sind immer wieder auf der Suche nach einer gerechten Behandlung. Wir wollen immer die Chance darauf haben, die Dinge zu drehen, uns zu verteidigen und wir hassen wenig so sehr wie vor vollendeten Tatsachen zu stehen, während uns Gedanken wie „hättet Ihr mich doch einfach mal gefragt.." durch unseren Kopf schießen.

Lasst den Leuten, über die Ihr redet, eine ähnliche Chance. Ihr könnt denken, so viel Ihr wollt, was Ihr wollt. Aber alles, was Ihr sagt, was Ihr tatsächlich aussprecht, kann

Euch den Kopf kosten

Leute tief verletzen

Vermeidet sowas. Denkt nach, bevor Ihr über andere Leute redet. Egal, mit wem Ihr über sie redet.

Um dieses Kapitel grob abzuschließen – überleg Dir, wen Du um Dich rum haben möchtest, von wem Du lernen kannst, wer Dir schadet, wen Du umprogrammieren könntest und ob Du bereit bist, diese Energie zu investieren. Und vergiss bei all dem nicht die Leute, die so viel für Dich getan haben, ohne dass Du es gespürt hast. Nimm Dir ein paar Minuten und denk darüber nach.

Sei den Leuten ein Vorbild. Was Du bist, wird von den anderen reflektiert. Was die anderen sind, wird von Dir reflektiert. So die Theorie, wenn Ihr alle Menschen mit funktionierender Wahrnehmung und korrekter Funktion seid.

3. TRANSFER

Wenn Du etwas verbockst und keiner sagt es Dir, haben sie Dich schon aufgegeben.

Es ist wichtig, dass Du begreifst, dass Du die Fäden in der Hand hast. Lass niemals zu, dass Du eine Marionette wirst, in den Händen falscher Leute. In den Händen falscher Leute, die die Fähigkeit besitzen, Dich zu manipulieren – es gibt erschreckend viele Menschen, die ziemlich gut darin sind und Dich ohne mit der Wimper zu zucken über die Klinge springen lassen.

Lass Dich nicht benutzen, damit andere ihre Ziele erreichen. Ein Werkzeug zu sein, klingt anfangs zwar ziemlich maskulin, ist im Grunde genommen aber ziemlich unschön. Nur, weil Du nicht der Nagel bist, der dauernd verprügelt wird, heißt das nicht, dass das Leben des Hammers das Optimum darstellt. Das Werkzeug wird nur dann rausgeholt, wenn es gerade gebraucht wird. Und ansonsten wird es weggestellt, verpackt, in einen dunklen, engen, rostigen Raum, zusammen mit lauter Gleichgesinnten, die nichts zu tun haben, außer auf den einen Moment zu warten, in dem sie benutzt werden.

Wenn Du die Hand bist, die das Werkzeug hält, hast Du deutlich mehr Flexibilität. Als Hammer kannst Du Nägel in Material treiben oder bestenfalls eine Kokosnuss öffnen – als Pinsel kannst Du streichen und als Säge kannst Du Holz zerteilen.

Als Mensch kannst Du alles. Du kannst Sachen verbinden, ihnen eine neue Optik verleihen und sie im Zweifelsfall zerstören, wenn Du möchtest.

Wenn Du ein Hammer bist und in Deiner Funktion versagst, wirst Du weggeworfen. Wenn Dein Hammer kaputt geht – kaufst Du einfach einen neuen. Vielleicht sogar einen besseren. Das ist der Unterschied zwischen Werkzeug sein und Werkzeug haben.

Wenn Du als Hammer gebaut bist, wirst Du Dein ganzes Hammerleben lang klopfen, sonst nichts.

Wenn Du Mensch bist, kannst Du Dir sogar verschiedene Hammervariationen besorgen. Du kannst ein ganzes Arsenal an

Werkzeugen anschaffen, für jeden Zweck, Du kannst es pflegen und benutzen.

Die Grundidee müsste angekommen sein.

3.1 Zwischenmenschliches / Liebe

Grundsätzlich bin ich – stand heute – kein Fan von dem Begriff „Beziehung"; beziehungsweise von dem menschlichen Zusammenleben, das mit dem Begriff einer festen Partnerschaft assoziiert wird. Bis auf einige Ausnahmen, die zum Glück größtenteils erfreulich verliefen und mir – auch, wenn das für die meisten unmöglich erscheint – noch immer aktive und schöne Freundschaften (oder mehr) zu Frauen beschert haben, bin ich in den Augen einiger Leute beziehungsunfähig. In meinen Augen eher beziehungsunwillig, weil ich nicht überzeugt von der körperlichen Fixierung auf eine Person bin, da kommt es einfach auf den Standpunkt an. Jedenfalls sollten diese Zeilen reichen, damit der geneigte Leser merkt, dass ich kein Beziehungsexperte bin. Dennoch wurde ich, schon vor über einem Jahr, von einem guten Freund danach gefragt, warum jemand eine Beziehung führt. Weitergehend kam dann logischerweise die Frage

Wozu lieben wir?

auf.

Natürlich musste ich dazu – wie üblich – meinen Senf abgeben. Und das, obwohl es vermutlich aufgrund meiner nicht vorhandenen Beziehungsaffinität viele Leute gibt, die dazu bessere Dinge zu sagen hätten. Aber gut, so bin ich nun einmal. Herauskristallisiert haben sich folgende Punkte:

3.1.1 Liebe empfangen

Jeder Mensch strebt danach, geliebt zu werden. Grundsätzlich ist das die „Beziehungsliebe". Man kann – falls jemand eine noch deutlichere Aversion gegen den Beziehungsbegriff hegt als ich – auch davon sprechen, dass man Zuneigung in irgendeiner Art erfährt. Komplett aufgespaltet möchte ich sagen, dass man somit Anerkennung sucht. Anerkennung für sein Handeln, Respekt für die eigene Person, für das Denken, die Pläne, den Habitus, kleine Einzelheiten (das Lächeln) – ob beabsichtigt (gezieltes Handeln) oder unabsichtlich (optische Gegebenheiten seit der Geburt), Zuneigung für das komplexe System eines Menschen, auch wenn man die negativen Faktoren der anderen Person einschließt.

Wenn wir jetzt unser Level ein wenig anheben, geht es darum, eine gewisse Selbstsicherheit zu erlangen, weil an einem selbst irgendetwas so toll ist, dass jemand sein Leben nach einem ausrichten möchte. Oder zumindest diese Partnerschaft eingehen möchte, also Kompromisse in dessen Leben zu erlauben, weil die andere Person sich etwas aus der Partnerschaft erhofft. Niemand würde (zumindest nicht am Anfang – dass nach einiger Zeit alle ein bisschen verrücktspielen können, ist bekannt) eine neue Beziehung eingehen, wenn er keine Perspektive sieht, dass sie entweder sofort – oder in absehbarer Zeit eine Bereicherung für sein eigenes Leben beziehungsweise seinen Lebensstandard sein wird.

Will jemand also eine Beziehung mit Dir, kann das zumindest einmal nur gut für Dein Ego sein. Jemand möchte an Deiner Seite stehen, sich mit Dir in der Öffentlichkeit zeigen, stolz auf Dich sein, mit Dir planen – oder ganz stupide nur Deinen Körper wollen. Selbst dann gibt es Schlimmeres, nämlich, wenn niemand körperlich mit Dir verkehren wollen würde.

Das sind so die Basics in Sachen Liebe und Beziehung. Jedoch wird meistens an dieser Stelle aufgehört, zu denken – und das ist schade. Fast noch wichtiger als Liebe empfangen zu können (in dem jeweiligen Maß, wie man es möchte), ist in meinen Augen der nächste Punkt.

3.1.2 Liebe geben

Dieser Punkt wird wohl von den meisten Leuten unterschätzt. Ich habe den folgenden Satz irgendwann, vor vielen Jahren aufgeschnappt. Beiläufig und ohne groß darüber nachzudenken. Umso härter kam dann bei diesem Gespräch die Erkenntnis, die diese Aussage in sich trägt, wie ein Schlag ins Gesicht geflogen.

Es ist schlimm, nicht geliebt zu werden - noch schlimmer ist es, niemanden lieben zu können.

Ebenso, wie jeder Mensch danach strebt, Liebe zu empfangen, trägt er Liebe in sich. Manche Leute können das zeigen, wollen das zeigen – manche erkennen es nicht sofort, manche überhaupt nicht. In einigen bricht es irgendwann aus, weil sie auf einmal diese eine Person gefunden haben. Dennoch, die Fähigkeit zu lieben, mit all den Facetten und Intensitätsunterschieden ist in jedem verankert.

Jemanden zu lieben bedeutet nicht nur, dass man seinen Körper möchte, ihm gegenüber Zuneigung verspürt, Kleinigkeiten an ihm schätzt – der Umkehrschluss von all dem oben geschriebenen ist nur ein Bruchstück davon, was es bedeutet, Liebe zu geben. Wenn Du jemanden liebst, bedeutet das, dass Du ihm vertraust, Dich öffnest und Schwäche zeigst. Das fängt an bei den gemeinsamen Plänen, geht über gemeinsames Pferdestehlen und endet bei Leichen, die beide im gemeinsamen Keller haben.

Diese Person stellt für Dich dann einen Ruhepol dar, einen Fels in der Brandung, der – so Gott will – immer bestehen bleibt, egal, wie hoch die Wellen schlagen und wie viele Deiner Rettungsbote untergehen. Sollte Dein Kreuzfahrtschiff kentern, sollte Dein Beiboot zerbersten, sollte das letzte Stück Planke, an das Du Dich klammerst, während Du im kalten Wasser treibst, brechen, während Du am Horizont ängstlich beobachten kannst, wie der Sturm das Meer immer und immer stärker zum Toben bringt – Du weißt, dass dieser Fels das Beständigste im Umkreis von vielen, vielen Meilen ist.

Für den Menschen auf dem Festland ist es ein Stück Stein, der Mineraloge würde Dir vielleicht noch die Bezeichnung des Materials geben und dem Wasser außen rum ist dieser kleine Berg völlig egal, es umströmt das Hindernis einfach.

Für Dich stellt dieser Fels aber so viel mehr dar – die Rettung, die

Hoffnung, die Sicherheit.

Und egal, wie der Mensch an sich tickt, es gibt keine Person der Welt, die nicht froh darüber ist, sich der Existenz dieses Felsens bewusst zu sein.

Egal, ob das Kreuzfahrtschiff gar nicht kentert, egal, ob das Beiboot dem Sturm sowieso standhalten würde - mit dem Wissen, dass man sich auf alle Fälle auf diesen Fels retten kann, wenn alle, wirklich alle Stricke reißen, lässt es sich deutlich besser leben. Im Saal des Kreuzfahrtschiffs oder auf dem Holzbrett im Rettungsboot.

Für beide Punkte spricht, dass in den meisten Fällen eine gewisse Beziehung zueinander notwendig ist, um seine eigenen Gene weiterzuvererben. Einige Leute wollen das nicht, ich fände es aber ziemlich cool, wenn ich den ein oder anderen Fratz produzieren würde. Bei Frauen kommt noch dazu, dass früher die biologische Uhr tickt.

3.1.3 Die Gesellschaft

Betrachtet man die Meinung der Gesellschaft zu diesem Thema, haben Frauen es meiner Erfahrung nach erneut schwerer als Männer.

Es dürfte auch heute für ein paar quere Gedanken/Gerüchte reichen, wenn jemand in einem gewissen Alter ohne feste Partnerschaft durch das Leben geht. Erstaunlicherweise relativiert sich dieses Bild ein wenig, wenn die beobachtete Person in Scheidung/getrennt lebt. Vielleicht, „weil man es ja doch schon mal irgendwie geschafft hat".

Der Trend mag vielleicht allgemein zu etwas mehr „Freiheit" gehen, dennoch ist es auch eine Frage der gesellschaftlichen Anerkennung, ob und in welcher Partnerschaft man lebt.

Beziehungsleben hat zwar sehr viel mit Sozialkompetenz und der Persönlichkeit an sich zu tun, dennoch möchte ich das Gesellschaftsdenken auf das Niveau „welches Auto fährt er?"/ „wie viel Geld verdient er?" reduzieren. Die einen Leute stört es, was der Rest der Menschheit über das Auto denkt, die anderen nicht. Wer überzeugt solo lebt, wird sich da keine Gedanken machen – wer allerdings verzweifelt, weil er keine Partnerin findet, wird sich diesen Aspekt doch auch zu Herzen nehmen. „Wie stehe ich denn da, wenn ich jahrelang keine Freundin habe?", äquivalent zu dem Typen mit dem alten 3er Golf, der seine Lebenserfüllung im Audi A6 sieht. Der denkt auch, dass ihn alle für seinen 3er Golf auslachen.

Im mittleren Alter wird eine Beziehung als normal angesehen, als Standard.

Wie oben erwähnt – trifft man eine 45jährige Frau, die solo ist, sind die ersten Gedanken

a) geschieden
b) verwitwet

Während fast niemand auf

c) war noch nie liiert

kommt. Alleine deshalb, weil es in unserer Gesellschaft als nicht normal empfunden wird. Ich wünsche der Dame viel Erfolg und Selbstvertrauen, wenn sie auf ein Klassentreffen mit ihren ehemaligen Schulkameraden geht. Und Jahr für Jahr ohne Partner auftaucht. Ich denke, es ist angekommen, was ich mit dem Einfluss/Druck der Gesellschaft meine.

3.2 Mobbing

In den letzten Monaten durchstreifen diverse Videos und Nachrichten mit Bezug auf Mobbing das Internet. Der erste große Aufruhr entstand aus meiner Perspektive durch ein Handyvideo, das zeigt, wie ein gut gebauter Junge einen spargelförmigen Mitschüler im Wrestlingstyle slammed. Dieses Video verbreitete sich wie ein Lauffeuer innerhalb weniger Tage durch das weltweite Internet und schon bald kamen die Hintergründe und nähere Informationen ans Tageslicht.
Es handelt sich um einen Jungen namens „Casey Heynes", der – Interviews zufolge – jahrelang heftigst gemobbt wurde und anscheinend den ein oder anderen Selbstmordgedanken hegte, weil er sein Leben mit dieser Tortur nicht mehr für lebenswert hielt.

Das Video in abscheulich schlechter Qualität zeigt, wie der kleine Knirps den dicklichen Casey vor einer Gruppe von Mitschülern und Mädchen immer wieder verbal und physisch angreift, so lange, bis bei Casey – anscheinend zum ersten Mal – die Sicherungen durchbrennen und er den „Bully" (so werden aktive Mobber in Amerika bezeichnet) auf brutale Art und Weise dazu bringt, aufzuhören. Wer das Video nicht kennt, wird mit „Casey Heynes" in YouTube fündig werden.

Als nächstes kamen immer mehr Nachrichten über die Internetseite www.isharegossip.de, einer Plattform, auf der anonym über Mitschüler geschrieben werden konnte. Die Einträge auf dieser Seite sind anscheinend sehr schnell eskaliert, so dass sich irgendwann die Staatsanwaltschaft damit beschäftigt hat.

Der letzte große Vorfall, der meine Aufmerksamkeit auf sich gezogen hat, war die Geschichte der Schülerin Amanda Todd.

Dieser Fall wurde „vorbereitet" durch ein von ihr gedrehtes Video, in dem sie ihre Geschichte auf viele Papierseiten schreibt, die sie in einem Stummfilm vor ihren Körper hält und nacheinander zeigt. Sie beschreibt in dem Video, wie sich die letzten Jahre in ihrem Leben entwickelt haben, wie sie auf einen Mann reingefallen ist, wie sie danach niemals akzeptiert wurde und was sie schlussendlich dazu bringt, Suizid zu begehen.

Im Nachhinein hat die Internetorganisation Anonymous diesen Mann aufgespürt und seine Identität im Internet veröffentlicht.

Nun, vermutlich hast Du selbst Erfahrungen mit diesem Thema –

entweder als Täter oder als Opfer. Meiner Einschätzung nach durchlebt jedes Kind, jeder Jugendliche diese Mobbingphase. Sicherlich ist die „Seite" von Mensch zu Mensch unterschiedlich, ebenso die Intensität der Mobbingattacken, das Bewusstsein und der Umgang damit, gemobbt zu werden oder selbst Leute niederzumachen.

Auch auf die Gefahr hin, dass ich mich recht weit aus dem psychologischen Fenster lehne, behaupte ich, dass Amokläufe an Schulen eine Sache sind, denen dieses Thema zumindest als eine von vielen Säulen als Basis dient. Es dürfte extrem selten sein, dass ein gut integrierter, psychisch stabiler Mensch von einem Tag auf den anderen komplett durchdreht.

Im Gegenteil, sieht man sich die offen zugänglichen Motive von Amokläufern an, kommt fast immer (!) ein Absatz über die Mitschüler, von denen man sich nicht verstanden fühlt, sich ausgegrenzt, gemobbt, alleine gelassen und gehasst fühlt.

Kinder können extrem grausam sein, weil sie auf diesem Sektor anscheinend kein Gerechtigkeitsempfinden inne haben – nach einigen Jahren sagen viele aktive Mobber, dass sie damals Scheiße gebaut haben, es ihnen leid tut. Das Problem ist, dass der Aktive nach ein paar Jahren schlichtweg nicht mehr daran denkt. Der Passive, das Opfer also, verspürt dabei eine andere Tragweite. Werden im jugendlichen Alter so viele seelische Komponenten zerschossen, ist es kein Einzelfall, wenn dadurch langfristige Probleme in sozialen Bereichen induziert werden.

Wir haben also einerseits die Person A, die selbstbewusst durch das kindliche Leben geht und dabei das Leben von Person B auf den Kopf stellt.

Warum macht Person A das? Es gibt eine Art „Machtgefühl", wenn man merkt, dass die eigenen Taten, verbal oder physisch, Leute beeinflussen können. Wir haben den gleichen Hintergrund wie bei Tierquälerei. Das Gefühl, einen Schwächeren immer und immer wieder leiden zu lassen, das Gefühl zu bekommen, dass Person B nichts dagegen machen kann und einem ausgeliefert ist. Man poliert sein Selbstwertgefühl auf, man erlangt schlichtweg Macht. Man wird selbst zum Licht, weil man andere in den Schatten verbannt.

Jeder normal denkende Mensch wird zu Person B sagen: „Steh da drüber. Zeig, dass Du das nicht mit Dir machen lässt".
Aber nicht jede Person B hat die Möglichkeit, die Selbstsicherheit, einfach zu sagen „okay scheiß drauf, Ihr könnt mir gar nichts". Diese Art

von Selbstsicherheit entwickelt sich in meinen Augen erst in einem Alter, in dem das Mobbing nicht mehr so stark präsent ist. Somit dürfen wir nicht einfach ausblenden, dass einige Personen B schlichtweg nicht die Fähigkeit besitzen, sich einen Schutzwall aufzubauen und sich all das nicht zu Herzen zu nehmen. Oder sich zu wehren. Gerade im jugendlichen Alter sammelt man so viele Eindrücke, hat vor allem eine ganz andere Art von „Existenz-/Zukunftsängsten" als ein Mittdreißiger. Wenn einem angehenden Teenager sämtliche Visionen auf ein funktionierendes Sozialleben zerschossen werden, sitzt das sehr, sehr tief. In diesem Zeitraum steht sozialer Kontakt noch deutlich über dem Bedürfnis nach finanzieller Absicherung und klaren beruflichen Verhältnissen.

Was also sollten wir tun?
In diesem Fall bin ich selbst ein wenig überfordert mit der Antwort. Ich bringe meinen Kids in der Schule gerne menschliche Züge bei, sofern ich der Meinung bin, dass sie bei mir korrekt ausgeprägt sind. Trotzdem kann nicht jeder Leser des Buchs jetzt in eine Schule spazieren und sagen „hi, hier bin ich, ich tu etwas gegen Mobbing".

Wie das gesamte Buch wird das hier auf das Alltagsverhalten runter gebrochen. Es gibt überall diese Situationen, in denen man Menschen nicht (!) mit einem Respekt gegenübertritt, der Standard sein sollte. Diese Situationen erlebe ich auch bei mir noch. Das sind dann Gedanken wie „man, der ist so dumm im Kopf" und dann möchte ich ihm irgendwie eins reindrücken. Ich denke, ich muss da ehrlich genug sein und mich nicht selbst als Engel mit Dauerheiligenschein darstellen.

Noch weiter reduziert erwische ich mich dann dabei, wie ich Samstags durch den großen Supermarkt gehe und mich tierisch darüber aufrege, wie langsam die Leute sich bewegen, wie sie ihre Einkaufswägen quer durch die Gänge schieben, dauernd im Weg stehen, MIR im Weg stehen. Dabei entwickle ich temporär eine solide Portion Hass auf die Menschheit. Allerdings kommt zum Glück irgendwann der Punkt, in dem vor meinem geistigen Auge der Schriftzug „leben und leben lassen" durch mein räumliches Bild läuft. Dann atme ich ein paar Mal tief durch, schließe für einige Sekunden die Augen und begreife dann recht schnell, dass die Leute einfach so sind im Moment. Und dass vielleicht nicht sie, sondern ich falsch konditioniert bin. Immerhin wünschen sie mir nicht kurzzeitig, dass ich im Käseregal lande, weil ich so hektisch agiere.

Und dann, dann habe ich meinen Respekt wieder hoch gefahren. Dann sind die Leute um mich rum wieder Menschen und keine Hindernisse.

Das ist ebenso im Straßenverkehr, wenn die Fahrschule mit 40 über die Hauptstraße schleicht oder die Oma nicht schnell genug über die Fußgängerampel kommt. Wenn der Typ vor mir an der Ampel nicht schnell genug losfährt, sobald es grün wird. Immer dann, wenn ich beginne, „hochzufahren“, werte ich die Menschen in meinem Umfeld ab. Dann bin ich derjenige, der immer und überall Recht hat und der es gar nicht fassen kann, wie blöd alle um ihn rum überhaupt sind. Manchmal, wenn ich das gerade realisiert habe, lache ich mich dann selber aus.

Dann bekomme ich eine Vision von einer Ameisenstraße, in der alles geregelte Bahnen geht und nur eine kleine Ameise kriegt ihren Ausraster, ihre Rage, führt sich absolut aggressiv auf und will sich schnell einen Thron bauen, um sich über die anderen Ameisen zu stellen.

Diese Ameise bin dann ich. Weil ich glaube, dass ich etwas Besseres bin und die ganze Welt sich meinem Zeitdruck/meiner Laufgeschwindigkeit zu fügen hat. Die Ameise, die den Respekt vor den anderen Ameisen verloren hat, die nicht damit rechnet, dass andere Ameisen vielleicht auch ihre kleinen Probleme haben.

Dass andere Ameisen ihre Gründe haben, warum sie so langsam fahren, so langsam gehen, im Weg stehen, schüchtern sind, etwas fallen lassen oder schlichtweg irgendetwas falsch machen – in meinen Augen.

Keine dieser anderen Ameisen macht das, um mich zu ärgern. Also habe ich keinen Grund, sauer auf diese Ameisen zu sein.

Falls Du Dich also im Alltag immer gerne mal auf jemanden einschießt, jemanden latent mobbst, ebenso Kaufhausausraster oder Hauptstraßenamokläufe aktiv erlebt hast – atme ein paar Mal durch, akzeptier Dein Umfeld, wie es ist und stell Dich verdammt nochmal nicht über andere.

Die Oma, die nicht über die Straße kommt, wird das nächste Mal nicht schneller rübergehen können, nur weil ich sie anbrülle, warum zum Teufel sie so langsam sei und ob das nicht ein Stückchen schneller ginge. Ich würde ihr nur den Tag (mindestens) versauen, sie traurig machen und so richtig besser gehen würde es mir danach wohl auch nicht.

Und wenn mir einer extrem dumm vorkommt, ob im richtigen Leben oder im Internet, dann muss ich ihm das auch nicht alle 2 Tage sagen. Dadurch wird er nicht schlauer.

Wenn Du mitbekommst, dass jemand in Deinem Umfeld Probleme hat –

Du wirst seine Gegner nicht verändern können. Nicht, wenn Du dafür nicht mittel- bis langfristig gesiebte Luft atmen möchtest. Du kannst ihm aber zeigen, dass es Leute gibt, die ihn mögen. Hilf ihm, sein Schutzschild aufzubauen und damit fertig zu werden.

Noch einmal, niemand kann mir erzählen, dass jemand komplett aus dem Nichts Amok läuft. Ohne jegliche Vorankündigung. Da passieren vorher Mitteilungsversuche, es werden Signale ausgesendet. Es ist schlimm genug, dass schon so viel passiert ist in dieser Hinsicht. Und es wird nie aufhören. Aber jeder kann versuchen, an der Eindämmung mitzuarbeiten – und, vor allem, seinem kompletten Umfeld das Gefühl zu geben, dass man jeden einzelnen von ihnen respektiert. Man muss nicht alle mögen. Aber man sollte ihnen mit Respekt und Würde entgegentreten.

Die Frage ist – wieso kümmert man sich erst um solche Mobbingfälle, nachdem sie sich umgebracht haben? Solange sie leben interessiert es keine 200.000 Internetnutzer, worunter sie leiden.

Wieso kommt im Nachhinein so viel Mitleid, obwohl es dann nichts mehr nutzt, während man genau weiß, dass es im Umfeld Leuten ähnlich ergeht.

3.3 Das Streben nach Ruhm

Ebenso wie bei dem Thema „Liebe" habe ich mich entschieden, dieses Thema in den separierten Transfer-Bereich zu legen, weil es eindeutig um Wechselwirkungen zwischen Kapitel 1 und 2 geht.

Früher, als wir alle noch jung waren, gerade mal 10, 12 Jahre alt – gab es durchaus oft den Wunsch „Superstar" im coolen Diddl-Freundschaftsbuch bei dem Feld „Berufswunsch". Oder, auf die Frage, warum findet man diesen oder jenen Star so cool, die Antwort „weil er berühmt ist", „weil ihn alle kennen".

Inzwischen, seit wir die Teenagerjahre deutlich hinter uns gelassen haben, haben wir wohl alle realisiert, dass das Superstarleben nicht nur Vorteile hat, sondern auch diverse Schattenseiten mit sich bringt, die der Normalbürger zwar teilweise auch mitbekommt, aber die Rockstars müssen ja immer alles übertreiben.

Um es abzukürzen, ich habe in meinem Umfeld ein paar Leute, die es zu mittelmäßiger Berühmtheit geschafft haben, einen Facebookstatus posten und tausende Leute liken das blind.

Die traurige Wahrheit ist, früher dachten wir alle:
Wie schön muss es sein, dass einen alle kennen – heute erkennen wir langsam, dass dann zwar alle uns kennen, aber niemanden davon kennen wir.

Ich habe das in sehr stark abgeschwächter Form mitbekommen, als ich von Leuten auf Facebook Freundschaftsanfragen bekommen habe, die ich überhaupt nicht zuordnen konnte. Keine Ahnung, ob das nachvollziehbar ist, aber ich habe kein so übererotisches Profilbild, dass ich nonstop Anfragen von wildfremden Leuten bekomme, also ist mein erster Gedanke bei unbekannten Personen inzwischen „kommt er von Andro/von ask.fm/hat er mein Buch gelesen?". Manchmal kamen dann einfach Antworten wie „ne kenn Dich nicht, bin aus dem und dem Forum und wollte nur schauen was Du so postest immer".

Einerseits ist das natürlich ein guter Egoboost, wenn Leute aufgrund Deiner „Internetart" interessiert an Deinem daily business sind. Andererseits verliert man da ein wenig den Überblick über die Leute. Die Tatsache, dass ich irgendwann Personen in meiner Facebookliste hatte, von denen ich nichts weiß und die ich nicht regelmäßig sehe, hat mich dann doch etwas stutzig gemacht und mich zu einer etwas anderen

Requestannahmepolitik geführt.

Um das ein wenig abzurunden – vielleicht sollten wir unsere Berühmtheit manchmal auf niedrigere Spannweiten dezimieren und Intensität der Freundschaften wieder vor den „weitläufigen Ruf" stellen. Anders gesagt – Qualität statt Quantität

4. KONKRETE TIPPS

Wir müssen vielleicht ein paar Sachen ändern. Ich will gar nicht damit anfangen, wie wir geworden sind durch diese neuen „Errungenschaften der Technik – WAS wir geworden sind. Ich weiß nicht, wie alt Du bist. Vielleicht bist Du jünger als ich und hast die Zeit nicht mehr mitbekommen, in der es noch kein Internet, kein ICQ, kein Facebook gab.

Manchmal, wenn ich nachts nicht einschlafen kann, liege ich in meinem Bett und frage mich, was dieses Leben mit uns überhaupt anstellt und wo der Sinn bei der ganzen Sache ist. Und dann sehe ich in meinen Gedanken eine Welt voller Jugendlicher (zu denen ich mich übrigens zähle), die einerseits so viele Möglichkeiten haben, wie keine Generation vor ihnen jemals hatte – andererseits aber scheinbar auch nonstop kurz vor der Verzweiflung steht. So viele von uns könnten so viel machen.

Spiel doch selber mal mit dem Gedanken – nimm Dir 10 motivierte Leute von „uns" und gib ihnen einfach mal ein paar Monate konzentrierten Unterricht. Bring ihnen praktische Sachen bei. Schule sie – als hätten sie den ganzen Tag nichts anderes zu tun, als wären sie nur dafür geboren, die 10 Auserwählten.

Was glaubst Du, wie fähig diese 10 Leute werden könnten? Wie schon oft erwähnt, ich bin keiner dieser Leute, die sich so durch"flowen" können, ich wäre für dieses Experiment also ohne großen moralischen Antrieb aufgeschmissen.

Aber einfach dieser Gedanke, welch große Werke wir mit der Konzentration unserer Leistungen erschaffen könnten, haut mich jedes Mal, wenn ich in diesem Bett liege, theoretisch vom Hocker.

Um es also kurz zu machen, mir schwirren da ein paar Gedanken durch mein scheinmarokkanisches Köpfchen:

4.1 Wir müssen uns Zeit nehmen

Es gibt zwei Arten von Leuten:

Die, die morgens aufstehen und etwas machen
Die, die irgendwann aufstehen und nichts machen

Das schöne ist: Beide müssen demselben Prinzip folgen – Zeit „schaffen". Welcher Gruppe auch immer Du angehörst, schau Dir vielleicht mal den Film „In Time" an und beginne über die Idee eines „Zeitkontos" nachzudenken, auch, wenn sie nicht so schön ist. Nachdem Du den gerade nicht bei der Hand haben wirst und wir natürlich alle keine illegalen Downloader sind, erzähle ich Dir jetzt die oft zitierte Version, die im Internet kursiert – ich hätte sie wirklich gerne irgendwo raus kopiert, aber leider finde ich keine Version, in der nicht schon im ersten Satz ein Komma- oder Schreibfehler ist. Daher wirst Du mit meiner Version Vorlieb nehmen müssen:

"Wir kürzen den Shit ab: Ein Tag – zumindest der durchschnittliche Tag, nicht der Superanditag oder der Katertag – hat 24 Stunden á 60 Minuten á 60 Sekunden.
*Im Internet treibt eine Story umher, die somit von 24*60*60 Sekunden, also 86400 Sekunden handelt, die man täglich zur Verfügung hat.*
Völliger Bullshit. Wenn Du Dir vorstellst, dass Du auf die Toilette gehst und dabei 60 Sekunden = 60€ das Klo runterspülst, kannst Du Dir gleich den Strick geben. Also nehmen wir die ad89-Variante:

Der Tag hat 24 Stunden á 60 Minuten. Wir setzen das einfach mal gleich mit 1440€, die wir jeden Tag ausgeben könnten. Und weil krumme Zahlen relativ uncool sind, stellen wir uns vor, wir bekommen jeden Tag 1400€. Das ist völlig realitätsfremd. Selbst wenn wir 10 Millionen im Lotto gewinnen würden (spiel nie Lotto. Everbody wants to win the lottery, but the lottery will fuckin ruin you! - Zitat von Joe Rogan. Empfehlenswerte Podcasts liefert der Mann, siehe Anhang) und den kompletten Gewinn bei 5% anlegen würden (mehr gibt's nicht, glaub es mir. Ich leg meine 50 Mio. auch alle 5 Jahre neu an und beobachte den Markt.), würden wir nicht auf 1400€/Monat kommen, da würden immer noch gut 30€ pro Tag fehlen. Abgesehen davon, dass jeder normale Mensch bei so viel Geld am Tag übelst abdrehen würde, wenn er sich nicht einen Berater organisieren würde, der wieder mehr Geld kostet.

Ok, nachdem wir geklärt haben, dass das sehr theoretisch ist, spielen

wir es doch trotzdem einmal durch:
Du kriegst am Tag 1400€. Diese 1400€ verwandelst Du aber in
MINUTEN.

Die Leute, die die Geschichte noch nicht kannten, werden sich jetzt
vielleicht erstmals Gedanken machen.

Du hast also am Tag 1400 Minuten zum „ausgeben" und zahlst
damit.

Damit zahlst Du allerdings keinen Kaffee, keinen Burger bei
McDonalds, kein Biofleisch beim Metzger, keine Miete, keine Bücher.
Das einzige, was Du damit bezahlst, ist Dein Leben.

Du hast also dieses Zeitkonto. Du weißt nicht, welchen Betrag Du auf
diesem Konto hast. Das einzige, was Du weißt, ist: Wenn Du
aufwachst, hast Du 960 (16 Stunden) bis 1440 Währungseinheiten
(24 Stunden) auf dem Konto. Ob Du wieder aufwachst, wenn Du
einschläfst, weißt Du nicht. Wenn es ganz blöd läuft, gehst Du über
die Straße und ein Laster kündigt Dein Zeitkonto.

Gut. Ein Zeitkonto, auf das wir keinen Einfluss haben. Wir kriegen
täglich unseren Betrag bis zu einem Moment X und ab diesem
Moment ist Feierabend. Wir können nicht sagen „hey, ich hab doch
noch 1285 Einheiten auf dem Konto" oder „Okay, ich möchte mein
Testament schreiben, damit Person Z den Restbetrag bekommt" oder
solche Späße. Es ist einfach Ende.

Also denk Dir jedes verdammte Mal, wenn Du daheim sitzt und
Bullshit machst, wenn Du ineffizient bist, wenn Du dumm rumliegst
ohne IRGENDEINEN erkennbaren Nutzen, wenn Du blöd an die Wand
schaust und Deine eigenen Gedanken nicht mal mehr beobachtest,
wenn Dir langweilig ist, wenn Du abends alleine Dein Bier trinkst,
wenn Du aufstehst und wieder schlafen gehst, obwohl Du weißt, dass
Du wach genug zum Leben wärst – denk Dir bitte:

Scheiße, ich „verbrenne" gerade Zeit. Nicht das Geld, das mich
vielleicht zu einem reichen Menschen macht, sondern das Zeitgeld,
das mich am Leben hält. Denk daran, wie Du Dein Leben in eine
Schlucht wirfst. Wie Du im Schlafanzug, mit Deinem Bier und Deinem
Laptop in der Hand vor einer riesigen Schlucht stehst, vor der ein
Schild aufgestellt ist „lasset alle Hoffnung fahren" und Du schmeißt
Geldschein für Geldschein hinunter, grinsend, lächelnd. Mit dem
Gedanken „hey, morgen steh ich hier und schmeiß es nicht mehr
runter, sondern verwende dieses Geld".

Vergiss es, hör auf, Dich selber zu verarschen.

*Bitte, wenn es Dir gefällt, dann stell Dir keinen Wecker. Lass Dein
unterfordertes Hirn jeden Morgen Deinen Körper (oder von dem, was
davon übrig ist – unter der Leistungsgrenze, vermutlich untrainiert,
alkoholverseucht, schwabbelig, dünnfett?) wecken, damit Ihr
gemeinsam zu diesem Abgrund lauft und Eure Zeit vernichten lasst.
Ohne, dass Du hypnotisiert wurdest, ohne äußeren Einfluss, ohne
böse Eltern, ohne Einfluss der Umwelt – das bist ganz alleine Du, der
dauernd wieder zu diesem Canyon läuft (oder vermutlich noch fährt,
laufen ist ja anstrengend), seine Zeit verbrennt und mit einem
verdammten Lächeln und dem „irgendwann wird alles gut"-Denken
im Gesicht wieder das Lebenszeit-Versagen beginnt. Tag für Tag.*

*Und dann schau Dich bitte um, schau nach links, schau nach rechts.
Diese Vision ist perfekt übertragbar. Wenn Du Leute neben Dir siehst,
die das Gleiche machen, dann bist Du am Arsch. Kennst Du diese
Leute, dann entferne Dich von ihnen. Sich gemeinsam treffen, Geld in
den Canyon werfen und keinen Nutzen daraus ziehen ist tödlich.
Dann könnt Euch auch alle an den Händen nehmen und einfach
gemeinsam runter hüpfen. Dann spart Ihr Euch auch das Benzin,
täglich dahin zu fahren.*

*Du wirst an diesem Abgrund in der Hitze keinen Menschen sehen, der
Geld runter schmeißt, um weiterzukommen im Leben. Solche Leute
eliminieren kein Zeitgeld. Es gibt keinen verdammten Menschen auf
der Welt, der sagt „ich habe jetzt 16 Stunden Zeit bis zum Schlafen
gehen, in diesen 16 Stunden will ich hart trainiert haben, gesund
gelebt haben, meine Freunde, meine Freundin und meine Eltern
gesehen haben und genug gelernt haben, damit ich später nie wieder
in die Nähe dieses Abgrunds zu kommen" und im selben Atemzug
sein Cash wegwirft.*

*Glaubst Du, dieser Mann oder diese Frau (vertrau mir, es gibt
genauso viele Frauen,
die zum Abgrund rüber schauen und die Leute, die dort rumlungern,
verächtlich auslachen) würde jemals ein Bündel Geldscheine (stell
sie Dir bitte vor. Von mir aus in 10€-Scheinen, damit es dicker wirkt)
nehmen, sich denken „darin liegt all mein Potential, herausragend zu
werden" und den Shit mit einem Lächeln im Gesicht anzünden? Und
während die Scheine langsam an den Felswänden runter gleiten, in
dieses Tal der verschwendeten Zeit von allen Versagern der Welt,
würde sie sich denken „yeah, morgen komm ich wieder her und
verbrenne MEINE LEBENSZEIT"?*

Wenn Du es zur Visualisierung brauchst, bastle Dir Deine Schlucht. Nimm einen Karteikasten als Canyon und schneid Dir jede Woche aus einem DinA4-Papier ein paar Geldscheine, von denen jeder einen Dir vernünftig erscheinenden Zeitwert hat. 3 Stunden, 6 Stunden, halber Tag, ganzer Tag. Stell Dir die „Schlucht" neben Deinen Laptop, neben Deinen Monitor oder neben Dein Bett. Und jeden Abend, jeden verdammten Abend schmeißt Du all Dein Zeitgeld, das Du verschwendet hast, da rein. Am Ende des Monats kannst Du dann nachschauen, wie viel Zeit Du verschenkt hast – ob da dann ganze Tage drin liegen, einzelne Stunden, das hängt davon ab, in wie viele Zeiteinheiten Du Deinen Tag unterteilst. Am Anfang wirst Du vermutlich ganze Tage auf dem Geldschein stehen haben. Irgendwann wirst Du vielleicht so weit sein, dass Du nach einem halben Tag merkst „okay fuck, der halbe Tag ist schon verschenkt, jetzt nutze ich wenigstens die andere Hälfte" – ab hier solltest Du „12 Stunden" statt „24 Stunden" auf Deine Scheine schreiben.

Der nächste Schritt wäre, dass Du nur noch stundenweise versagst. Dann musst Du am Tag vielleicht nur noch 3,4,5 Stunden hinunterwerfen.

Irgendwie wirst Du es hinkriegen müssen, diesen riesigen Fehler in unserem Denken auszumerzen. Den Fehler anzunehmen, dass Geld wertvoller ist als Zeit – irgendwo auf dem Weg in unsere hochzivilisierte Neuzeit ist der Wert der Zeit den Bach runtergegangen. Aus irgendeinem Grund haben wir ihn dem Wert des Geldes untergeordnet.

Wir müssen uns diese Zeit nehmen. Es geht nicht nur darum, dass wir jeden Tag eine Stunde, vielleicht zwei Stunden mit unseren Eltern, mit unseren Freunden reden sollten. Dass wir uns erkundigen sollten, wie es ihnen geht. Dass wir ihnen zeigen, dass wir sie mögen – dass wir uns insgeheim immer bewusster werden, dass wir nicht wissen, wie lange all das hält. Unsere Freundschaft. Unsere gemeinsamen Interessen. Das Leben unserer Eltern, unserer Verwandten. All das sind die RICHTIGEN Sachen. Die Momente, die unser Leben ausmachen.

Aber viele von uns können das nicht, wir können nicht einfach sagen „okay, ich geh jetzt vor zu meinen Eltern.". Wir können unser Verhalten nicht von null auf hundert ändern, wir können uns nicht komplett umkrempeln. Ich zumindest konnte das nie – vielleicht kannst Du es. Schätz Dich glücklich, wenn Du es kannst.

Vielleicht musst Du genau so klein anfangen wie ich „damals". Als ich noch ein 18, 19, 20jähriger Anis war, der begonnen hat, sich die Zeit zu nehmen.

Ein Weg, der bei mir gut funktioniert, ist eben dieses Visualisieren. Später im Buch wirst Du mehr über das Modellieren an sich erfahren, daher werde ich mich jetzt nicht groß damit beschäftigen. Ich stelle mir vor, dass ich eine To-Do-Liste habe. Eine Checkliste, einen Tagesplan, irgendwas in der Richtung. Dieser ist unterteilt in verschiedene Fächer – Familie, Freundin, Freunde, Arbeit, Studium, Ich selbst, Haushalt, Soziales beispielweise. Und immer, wenn ich an einem Tag einen der Punkte in meinen Augen erfolgreich gemeistert habe, setze ich einen imaginären Haken oder, wenn ich komplett versagt habe, ein imaginäres X, dahinter.

Nach einer Woche denke ich dann zurück und überlege mir, an welchem Tag ich viele Haken gemacht habe - und an welchem Tag überall ein X stand.

Du siehst, all das geht wieder in die Richtung Zeitkonto/Canyon. Und weil ich gemerkt habe, dass das unglaublich effektiv – beziehungsweise für mich vielleicht der effektivste Weg überhaupt – ist, mir meines Handelns auch langfristig und rückblickend bewusst zu werden, habe ich dieses Zeitkonto aus der Imagination in die Realität übertragen und mir viele lustige bunte Karteikarten gekauft. Ich habe jeden Tag eine neue Karteikarte, auf der die oben genannten Punkte (und einige weitere) stehen. Ich bin zum Hakenjäger geworden. Es gibt Leute, die lieben es, ihre To-Do-Listen abzuhaken. Anfänger. Hake alles ab! Nicht nur die unangenehmen Pflichten! Schreib Dir alle Eventualitäten auf, die Du heute machen könntest und strebe danach, so viele sinnvolle Haken wie möglich zu setzen! Wenn es Dir hilft, unterteile die einzelnen Faktoren nochmal auf Karteikarten und mach für jeden Faktor eine eigene Karte. Unterteile die Familie auf einer eigenen Karte, auf einer Familienkarte nochmal in die Faktoren „Eltern anrufen/Eltern im Haushalt helfen/Schwester einen Smiley auf die Pinnwand schreiben/Der Tante oder Oma einen Brief schreiben/sich nach Wochen mal wieder beim Cousin melden", die Freunde-Karte in verschiedene Freunde – „René anrufen/mich mit Nik in der Stadt kurz auf einen Kaffee treffen/mit den Jungs abends eine Stunde weggehen/mit jemandem zusammen in die Bib gehen, um sich gegenseitig zu motivieren/mit jemandem um den Block latschen/zusammen ins Studio gehen", das Soziale in „der alten Frau Hilfe beim Kästen schleppen anbieten/jemanden wildfremden auf der Straße anlächeln" – Du siehst, wenn Du Dir nur 10 Minuten Ruhe zum Überlegen gibst, wirst Du unendlich viel auf diese Karteikarten schreiben können. Und Du wirst nie alle Punkte abhaken können, wenn Du genug drauf geschrieben hast. Du wirst nie ans Ende kommen, an den Punkt „toll, alles gemacht. Und jetzt?".

Sammle diese Karten. Wenn es Dir Spaß macht, füg das zusätzlich in eine Tabelle am PC ein und schau Dir nach einem Monat die Graphen dazu an. Schau, wo Du absolut nichts auf die Reihe gebracht hast - änder Dein Verhalten auf diesem Gebiet, auf dieser Karteikarte. Schau, wo es gut läuft und schleif an den Feinheiten.

Das wichtige daran ist, dass Du etwas hast, was Du in der Hand hältst. Visualisierung ist eine sehr schöne Sache, bringt dem Neustarter aber wenig, weil er das Gedankengebilde nicht konstant aufrecht erhalten kann, ohne abzuschweifen oder davon abgelenkt zu werden. Dafür ist das Bild meistens noch nicht fest genug. Daher – nimm etwas, was Du optisch und haptisch verwenden kannst. Häng Dir diese Teile an die Zimmertür (bei mir hängen inzwischen einige Karteikarten rum). Häng sie Dir am besten dorthin, wo jeder sie sehen kann, wenn er reinkommt. Immer wieder wirst Du gefragt werden, was das bedeutet. Und immer wieder wirst Du erklären, wofür die Haken stehen, wofür die X stehen. Irgendwann hast Du dann auch keinen Bock mehr, Karteikarten voller XXXXXXXXXX an die Wand zu hängen und den Leuten zu erklären, dass da schwarz auf weiß steht, dass Du eigentlich überhaupt nichts schaffst. Und dann wirst Du zum Hakenjäger. Erklär jedem, der Dich fragt, was da an der Wand hängt „das ist mein Wirkungsgrad, das spiegelt meine Effizienz wider. Ich hatte keinen Bock mehr, mein Leben zu vergammeln und das hier ist der beste Weg für mich, mir das immer und immer wieder vor Augen zu führen. Hier sehe ich, was ich schon geschafft habe und was ich noch machen muss. Das hier ist meine Leistung, mein Antrieb, meine Motivation – konzentriert auf verdammten Karteikarten."

Genau gesagt findest Du diese Karteikarten bei mir neben anderen Karteikarten. Karten, auf denen meine Ziele stehen (vgl. 1.2 Zielstrebigkeit). Ich habe mir zu jedem dieser Gebiete mein Ziel ausgemalt. Das hat mich ein paar Stunden gekostet, aber ich weiß immerhin bei 60-75% der Säulen, auf die sich mein Leben stützt (nichts anderes stellen diese Faktoren da oben nämlich dar), was ich jeweils erreichen möchte. Unter jedem Ziel steht der tägliche Check, ob ich noch in der Spur bin. Was ich schon erreicht habe auf diesem Weg dahin. Sonst arbeitest Du ziellos von Tag zu Tag. Das ist zwar besser, als von Tag zu Tag zu träumen, aber das ist noch nicht das Maximum.

Weißt Du, der Fehler an diesem Buch ist, ich denke im Alltag so oft über irgendwas nach und denke mir dann „ok, das musst Du noch reinschreiben", dass ich irgendwann angefangen habe, zu denken, dass all das schon in diesem Buch steht, weil es einfach der Spiegel meiner Seele, meines Denkens ist. Normalerweise sagt man „Die Augen sind der Spiegel Deiner Seele" – aber

Hat das Bushido gesagt
Sind meine inzwischen bionischen Augen dank der Linsenimplantation undurchsichtig geworden. Verschleiert, abstrus, opak. Du wirst in meinen Augen nichts mehr lesen können - außerdem wirst Du mich vermutlich nie live treffen, deshalb versuche ich, Dir hier alles zu erzählen, was in meinen Augen stehen würde.

Daher muss ich immer wieder zurückgreifen und Sachen nachholen.

Da wäre zum Beispiel:
Verdammt, geh raus in die Welt. Die Welt beginnt überall außerhalb Deiner Bequemlichkeitszone. Vor Deiner Haustür. Vor Deinem Monitor. Es gibt nur wenige Menschen, die an ihrem PC/Laptop wirklich etwas fürs Leben lernen können.

Vermutlich wirst Du nicht dazu gehören – selbst, wenn Du dazugehörst, vergiss nie die andere Welt.

Nimm Dir Zeit. Nochmal, es geht hier im Moment noch nicht um eine halbe Stunde reden, zuhören, da sein.

Fang an, Deine Wahrnehmung wieder zu schulen. Du hast einen Ipod? Steck ihn in Deine Trainingstasche und pack ihn erst im Studio wieder aus, um Dich wirklich zum Training zu motivieren.

Fang wieder an, Musik gezielt einzusetzen. Zu viele Leute benutzen, missbrauchen Musik zur Alltagsbewältigung – in meinen Augen ist Musik einfach abgeschwächter Alkohol. Wir hören Musik, um den Alltag zu überstehen. Wir stehen auf, gehen mit dem Duschradio unter die Dusche, fahren mit dem Mp3-Player U-Bahn oder lassen uns vom Autoradio berieseln. Der Rückweg ist 1:1 das Gleiche. Wir kommen heim, schalten die Glotze an, hören auf YouTube unsere Musik, feuern alle Tracks auf iTunes ab und schlafen vor dem Fernseher ein.

Wir kennen keine Ruhe mehr.

Ein gewisser Schiller – nicht der berühmte, sondern der weniger berühmte Producer – meinte einmal:

"Ruhe - das höchste Glück auf Erden.
Kommt sehr oft nur durch Einsamkeit in das Herz."

Jeder von uns kennt die Sprichwörter mit „Scheuklappen"/"Kopf in den Sand" und so weiter. Und alle verbinden damit die Flucht vor Irgendetwas, das Wegsehen.

Aber ist es nicht genau das, was wir machen? Wir lassen uns beschallen von Musik, klicken uns 1,2, 5, 10-mal durch unsere 10 Gigabyte große Musiksammlung voller Lieder, die wir in diesem Moment alibimäßig als „nicht passend für diesen Moment, in dem wir einfach die verdammte Straße zur U-Bahn entlang laufen" einstufen. Wir sind nicht auf der Suche nach dem Soundtrack unseres Lebens. Den werden wir alle NIE finden in dieser riesigen Sammlung. Wir sind auf der Suche nach der Hintergrundmusik für den Moment. Für diesen einen Moment. Alle 10 Minuten. Wir richten unsere Gefühle, unsere Aufmerksamkeit, unsere Stimmung, die Arretierung unserer Mundwinkel, der Augenfalten nach dem Song aus, den wir für adäquat halten.

Wir sind eine Generation ohne übergreifenden Soundtrack geworden, die auf der Suche nach konstant wechselnder Hintergrundmusik ist. Jeder läuft hier durch die Straße, fährt durch die Straße, steht an der Straße mit seinen Stöpseln im Ohr, seiner Bang&Olufsen-Anlage – und wenn uns jemand abends um 21 Uhr fragen würde, was wir heute erlebt haben, was wir gesehen haben, gefühlt haben, könnten wir nichts erzählen. Wir könnten nicht mehr beschreiben, welche Menschen uns umgeben haben in der U-Bahn, wo wir an einer roten Ampel standen, nicht einmal, an welchen Läden wir vorbeigegangen sind.

Für die Forenleute unter uns – wer weiß denn bitte noch, in welchen Thread er heute was genau geschrieben hat?

Wer weiß, welchen Zeitungsartikel wir gelesen haben, welche Internetreportage wir nebenbei verfolgt haben – all das zum Zeitvertreib?

Wir haben unsere Aufmerksamkeit komplett ausgeschlichen. Wir haben sie nicht verlernt und wir haben sie nicht bewusst weggegeben, aufgegeben. Aus irgendeinem Grund erschien uns allen vor einiger Zeit die Ablenkung günstiger, bequemlicher, besser als die Aufmerksamkeit.

Jetzt denkst Du Dir vielleicht „wieso sollte ich aufmerksam sein, wenn ich die Straße entlang zum Bus laufe? Was bringt es mir, dabei die Vögel zu beobachten?"

Durchaus angebrachte Frage. Ob es Dir etwas bringt, musst Du selber rausfinden – für mich kristallisiert sich immer mehr raus, dass Du jeden Moment auf verschiedene Arten wahrnehmen kannst.
Ich glaube, ich habe vor ein paar Seiten mal etwas über das Einstellen der eigenen Stimmung geschrieben.

Ich habe noch nicht genau rausgefunden, warum es so ist – aber seit ich aufmerksamer geworden bin, habe ich mehr Spielraum für meine Einstellung. Wenn ich schlecht drauf bin, meine In-Ears reinstecke und abgeschottet mit Wut im Bauch durch die Gegend laufe, habe ich keine Chance, irgendetwas wahrzunehmen, was meine Stimmung umschalten lassen könnte. Ich stecke mich dadurch selber in die falsche Konservendose, zumindest in ein falsches Netz.

Versteh mich nicht falsch, ich liebe Musik über alles. Ich höre und benutze Musik für unglaublich viele Dinge und Momente, ich lasse mich von ihr leiten, inspirieren, verbinde Augenblicke mit ihr, manchmal sogar ganze Sommer.

Aber das darf nicht alles sein. Wir sind hier wieder im Überfluss und vergessen die Wertschätzung der einzelnen Möglichkeiten.

Vielleicht durftest Du noch die Zeit miterleben, in der das alles anders war. Als man nicht Nächte damit verbringen konnte, sich quer durch YouTube zu hören. Damals, als es noch die Bravo Hits 30, die Top99 und Konsorten gab – man hatte eine CD und hat sie totgehört. Man hatte Alben gekauft und das ganze Album gehört.
Selbst, wenn ein Lied einem nicht hundert prozentig gefallen hat, man hat den Discman weiterspielen lassen, weil es zum gesamten Ensemble gehört hat.

Ich weiß nicht, ob Musik für mich damals schöner war als heute. Was ich aber weiß, ist, dass meine Kindheit zwischen grob gesagt 8 und 14 Jahren einen Soundtrack hatte und ich mit steigendem Alter immer mehr Lieder zur Auswahl hatte, die aber nie an dieses Kindheitslied rankamen.

Es tut mir leid, dass ich damals zu jung war, um die Arbeit zu schätzen, die die Leute in ihre Tracks stecken – heute bin ich zu verpeilt, zu überschwemmt von dem Angebot.

Über das Fernsehen kann ich leider nicht viele Worte verlieren, da mich meine Eltern früher davor bewahrt haben und ich bis heute kein starkes

Verlangen verspüre, Frühstücksfernsehen oder irgendwelche Serien zu sehen, die ich dann in jedem verdammten Alltagsmoment zitiere. Ich komme öfter in die Situation, in der ich gefragt werde „das erinnert mich an diese eine Szene aus South Park" oder „weißt Du noch, die Folge bei den Simpsons?" – und dann bin ich mir etwas unsicher, ob ich traurig sein soll, dass ich mich nicht erinnere und die Szene nicht kenne, oder, ob ich froh sein soll, dass ich meinen Alltag nicht andauernd (!) in Serien wiederfinden könnte.

Auch hier macht wohl die berühmte Dosis das Gift und ich verurteile absolut niemanden, der ein Serienjunky ist. Inzwischen lebt es sich mit dieser Sucht wohl auch einfacher, weil man dank Streamingseiten nicht mehr zeitabhängig ist – früher hat ein „ich kann nicht, da kommt XYZ im Fernsehen" mich aber regelrecht zur Weißglut gebracht.

4.2 The moment it breaks

Hier haben wir Threadtitel Nummer 1. Falls ich irgendwann mal einen besseren Ort aufsuche, möchte ich bitte, dass dieser Track auf meiner Beerdigung gespielt wird. Erstens, weil er extrem melodisch ist – zweitens, weil er mich immer und immer wieder an eine potentielle, unerwartete Kündigung des Zeitkontos erinnert – vielleicht hat auch Steve Jobs mit folgendem Zitat etwas nachgeholfen:

„Almost everything--all external expectations, all pride, all fear of embarrassment or failure--these things just fall away in the face of death, leaving only what is truly important. Remembering that you are going to die is the best way I know to avoid the trap of thinking you have something to lose. You are already naked. There is no reason not to follow your heart."

Ich habe mich lange davor gedrückt, diese berühmte Rede Steve Jobs' anzuhören. Warum – das weiß ich nicht ganz, Du weißt ja vermutlich inzwischen, dass ich mir oft und gerne alles reinziehe, was im Entferntesten mit Motivation zu tun hat. Aber manchmal kriege ich per PM oder per Mail so ein Video und denke mir „moah.. 6 Minuten.. keinen Bock. Whatever, ich habe es mir gegeben und es war durchaus anhörbar. Nichts, was mich temporär vom Hocker reißt, wie das „I am a champion"-Video oder die „versus momentum"-speech, aber etwas, was „sitzt". Es hat mich nicht dazu gebracht, auf DMAA pumpen zu gehen oder mich hinzusetzen, um eine 1,0 in „Grundlagen der Elektrotechnik" abzugreifen. Im Gegenteil. Ich habe mir nicht gedacht „schlaf weniger und lern mehr, schlaf weniger, geh pumpen, schlaf weniger, koch schneller" – ich habe mir gedacht „schlaf weniger, triff Dich mit Deinen Leuten und lern trotzdem genauso viel. Geh genau so oft ins Training – Dein Training wäre nicht traurig, wenn Du es die letzten 2 Wochen Deines Lebens hättest schleifen lassen. Deine Bücher werden einfach von irgendwem anders gelesen. Deine Freunde aber hätten keine Momente mit Dir, an die sie sich erinnern können."

Wenn Du gerade lustig drauf bist, such Dir 5-10 Deiner Freunde, überlege Dir – was wäre, wenn sie von jetzt auf gleich weg wären. Wann hättest Du sie zuletzt gesehen? Wann genau war das? In welcher Situation? In welcher Stimmungslage hast Du sie zuletzt erlebt, hast Du von ihnen ein verdammt herzhaftes Lachen in Erinnerung? So einen richtigen hemmungslosen Lachanfall? Nein?

Haben sie dieses gute Bild denn von Dir?

Stell Dir vor, Du stirbst heute. Was glaubst Du, wird auf Deiner Beerdigung über Dich erzählt. Wer wird da überhaupt erscheinen? Wie wird an Dich zurückgedacht? Wird nach einem Jahr noch jemand an Dein Grab kommen? Werden in 5 Jahren noch Stimmen erhoben, Sätze angefangen mit „Vielleicht erinnert Ihr Euch noch an die Geschichte, als „DEIN NAME“…“

Aus dem Gedanken an unseren Tod folgen immer einige Überlegungen, aus denen sich unser Bild über uns aus einem vermeintlich externen Standpunkt zusammenfassen. Wir können uns Gedanken über den Status quo machen, indem wir einfach einen Schlussstrich ziehen und die Gedanken eine Reportage über unser Leben verfassen lassen.

Vielleicht ist dies die einfachste Methode für viele von uns, den Weg zu erlernen, sich von außen betrachten zu können. Sich einfach mal vorzustellen, was die Leute nach dem eigenen Tod über einen sagen würden. Was sie erzählen, welche Reaktionen sie von Dir erwartet hätten „Der/Die „DEIN NAME“ hätte gewollt, dass Ihr in Alltagskleidung erscheint“/“Der/Die „DEIN NAME“ hätte bestimmt an der Stelle einfach ehrlich seine Meinung gesagt“. Sorg dafür, dass diese Leute um Dich herum zumindest wissen, wie Du grob getickt hast. Brenn ihnen Dein Lachen in Dein Herz, nicht Deine Depression. Wenn ich an verstorbene Freunde denke, könnte ich dankend zum Himmel beten, dass ich von ihnen größtenteils ein Lachen in Erinnerung habe und keine „Meh.. alles scheiße“-Reden.

Wenn Du positiv as fuck bist, wird man auch langfristig Nutzen aus Deiner „irdischen Anwesenheit“ ziehen können, durch schlichtes Zurückdenken an die Zeit mit Dir.

Du gehst hops, ein halbes Jahr später steckt Dein Kumpel in der Scheiße. Glaubst Du, der zieht irgendeine Kraft aus Eurer früheren Bekanntschaft, wenn Du selber dauernd aufgegeben hast und nur (!) Müll fabriziert hast? Glaubst Du ernsthaft, der denkt dann in der Situation, wenn er bis zum Hals in der Scheiße steckt, genauso happy an Dich zurück und sagt „ach, der „DEIN NAME“ hat ja damals auch immer schnell aufgegeben und ist beim kleinsten Widerstand zusammengebrochen. Den nehm ich mir jetzt als Vorbild und scheiß auch rein.“?

Nein. Der braucht den Gedanken „Fuck, der „DEIN NAME“ hätte an diesem Punkt NIE aufgegeben, der hätte diese Probleme ausgelacht, hätte Anlauf genommen und wäre like a boss einfach durch die

Barrikaden durchgerannt.“

Und hier sind wir wieder bei „Was soll auf Deinem Grabstein stehen?“

Es ist bestimmt anfangs befremdlich, über seinen eigenen Tod nachzudenken. Durch meine langjährige Motorraderfahrung inkl. diversen Asphaltknutschereien habe ich sehr oft darüber nachgedacht, deshalb ist es für mich leicht, darüber zu schreiben.

Für Dich ist das vermutlich nicht so locker aus dem Ärmel geschüttelt – deshalb, dreh den Spieß um:

Stell Dir vor, Person X in Deinem Leben stirbt heute Nacht. Bei wem würdest Du es am meisten bereuen, sie nicht noch einmal gesehen zu haben?

Dreh die Intensität der Visualisierung runter:

Stell Dir vor, Du bist morgen querschnittsgelähmt. Wärst Du gern mal Fallschirmspringen gegangen? Hättest Du gerne mal 120kg gesquattet?

Du kannst diese „the moment it breaks“-Vision auf so unglaublich viel anwenden. Ich will Dich nicht anlügen, es hat mich bei meinen Studiumsbemühungen selten weitergebracht. Aber im sozialen Sektor war das wohl der Hauptantriebsfaktor. Für alles!

4.3 PUA-Grundsätze

Wir hatten – sowohl auf virtuellen Plattformen als auch in realen Gesprächen – einige Gedanken darüber, ob und wie PickUp funktioniert, wieso es so verrufen ist und wo die Fehler am System sind. Zunächst möchte ich sagen, dass jedem Menschen seine Meinung über dieses Thema zusteht. Viele werden denken, dass dieses Thema unverschämte Gedankenansätze verfolgt, einige werden aus diesem Gebiet Nutzen ziehen können.

Ich bin absolut kein PickUp-Master. Ich habe das Buch „Lob des Sexismus" ein paar Mal durchgelesen und mich auf stundenlangen Autobahnfahrten von Oliver Kuhns „Der perfekte Verführer" zu ein paar Gedanken über die Thematik anstiften lassen. Es war aber nie so, dass ich mich selbst als Pickup Artist gesehen habe, demzufolge fehlt mir auch die Grundlage für die zahlreichen Pro-/Contra-PUA-Battles im Netz. Wenn man sich mit etwas nicht voll und ganz identifizieren kann, fällt es einem schwer, eine Für- oder Wider-Seite so eindeutig einzunehmen, dass es sich lohnt, darüber zu streiten und verbale Kleinkriege zu führen.

Was aber unabhängig von den gängigen PickUp-Formaten eine nette Sache ist, ist das sogenannte „Alphatier". Der Versuch, das Attribut „alpha" innezuhaben hat in den letzten beiden Jahren verstärkt in diversen Foren Einzug gehalten. Das Problem ist, dass aber irgendwie keiner weiß, wie sich das alpha-behaviour eigentlich ausdrückt oder durch welche Aktionen man es an den Tag legt.

Der größte Fehler ist wohl zu meinen, dass ein Alphatier einfach ein Arschloch ist, das alle Frauen asozial behandelt. Der typische Goldkettenmacho ohne Verantwortungsbewusstsein und Seriosität – und genau das ist vermutlich auch der Grund, wieso die PUA-Szene so verrufen und teilweise schlichtweg nicht erfolgreich ist. In meinen Augen ist der Alphastatus extrem gehyped und überbewertet, weil er kein Alleinstellungsmerkmal sein sollte, sondern gewisse positive Lebensansichten, -arten und –einstellungen gut zusammenfasst. Im Allgemeinen bleibt der normale PickUp-Interessent allerdings an der Zwischenstufe „Alpha-Arschloch" hängen und schafft nicht den Sprung zum „Lebensalpha", der seine plötzlich gegebene Manipulationsgabe (die PU auf alle Fälle liefert) problemlos handeln kann.

Insgesamt ist die PickUp-Geschichte relativ logisch aufgebaut und dreht sich eigentlich darum, Frauen zu erobern, indem man sich über sie stellt.

Sinngemäß ist von „Du bist der Preis, die Frau muss um Dich kämpfen" die Rede. Einige Argumente werden der Reihe nach aufgezählt, begonnen bei der üblichen Jäger&Sammler-Grundidee, weshalb das alles recht plausibel wirkt – wieso könnte es auch falsch sein, wenn es anhand der Evolution nachvollziehbar ist?

Es gibt einige gute Internetseiten, die die Grundlagen des PickUps darlegen. Seiten, die in einer teilweise extremen Sprache hochfrequent mit englischen Fachbegriffen um sich schmeißen, wie es im PickUp Gang und Gäbe ist. Falls Du bisher noch nichts mit dem Thema am Hut hast, Dich aber einlesen möchtest, lass Dich nicht verwirren, wenn Du auf einen Terminus stößt, den Du mit nichts aus Deinem Wortschatz in Verbindung bringen kannst. Man gewöhnt sich recht schnell an die Sprache und findet sich bald zwischen Field Reports, 3sr und flakenden HBs zu Recht.

Wenn jemand sagen würde „Anis, beschreib doch einfach mal kurz, was dieses Alphaness in Deinen Augen ist!", würde ich ihm antworten:

Ein Alpha ist kein Diktator, sondern ein Leitwolf mit Charisma. Wie sich dieses Charisma zusammensetzt, kann man sich selber aussuchen und basteln, weil wir hier nicht von einem eng definierten Personentypus, sondern von einer Ideologie, einer Einstellung sprechen. Vielleicht ist dieses Alphastadium genau dieser schmale Grat zwischen Selbstbewusstsein und Arroganz, den so viele nicht treffen und daraufhin abdriften. Es ist also ein Status, in dem so viele positive Eigenschaften miteinander verschmelzen, dass eine unglaublich erstrebenswerte Fusion entsteht. Man würde einen Menschen bekommen, der grenzenlos ehrlich ist, seine Ziele verfolgt und dafür einsteht, Selbstbewusstsein zeigt und eine Vorbildfunktion darstellt. Diese Punkte verinnerlicht ergeben schon von selbst das im PU propagierte Verhalten: Vergiss nie Deinen Stolz, lebe für etwas und ordne dem alles andere unter (auch die Frauen), sei nicht immer und überall verfügbar, differenziere zwischen gespielten Emotionen und echten Emotionen und reagiere je nach Bedarf darauf.

Schon alleine an diesen Punkten scheint der Nicht-Profi-PUA im Alltag gnadenlos zu scheitern, zu zerbrechen und insgesamt ist der Erfolg beim anderen Geschlecht nur ein Bruchteil der Intention dieser Lebensweise – das alles ist etwas viel Größeres. Das Erfolgsversprechen im Sexuellen verkauft sich aber leider als besserer Werbeköder im Gegensatz zu „lebe ein lebenswertes Leben und werde jemand, mit dem man gerne Kontakt hat".

Ein respektvoller Mensch sein, Werte zu haben.
Intelligenz, Rückgrat und Stärke zu haben.
Bescheiden sein und trotz Schmerz für das Leben danken.
Ein Kämpferjunge mit dem Herz eines Elefanten.
Für die Familie grad in harten Zeiten immer da sein.
Willen und Mut, Überlebensdrang in dem Blut.
Nach vorne sehen, [...]
Ehrenvoll sein, seine Wurzeln nicht vergessen,
[...].
Gefühle haben und auch zeigen können, innere Kraft,
sich treu bleiben und verzeihen können, inneres Wachstum,
Größe haben, seinen Weg überlegt bis zum Ende gehen, den Stand eines Löwen haben,
Schwachen helfen und nicht jeder geht für sich

Dieses Zitat aus einem Track könnte ich als grobe Zusammenfassung bedenkenlos unterschreiben, auch wenn es etwas aus dem Zusammenhang gerissen wurde.

Die gesamte Persönlichkeitsentwicklung, die man mit dieser Basis legen könnte, wird überschattet von der strikten Reduzierung auf körperliche Aktivität zwischen Mann und Frau, welche vom Grundsatz „Frauen denken emotional, nicht rational" angetrieben wird.

Auch, wenn all das hier ein wenig negativ wirken mag, halte ich sehr viel von PU. Ich bin wie gesagt kein Meister darin und habe es nie angestrebt, weil ich mit den Spielchen aufgehört habe, nachdem ich gemerkt hatte, dass es funktioniert. Mir fehlen auch diverse Arschloch-Prämissen, um die einzelnen Schritte knallhart durchzuziehen, weil ich es nicht sehr wertschätze, andere Leute mit Spielchen für meine eigene persönliche Entwicklung potentiell grob zu verletzen.

Dennoch empfehle ich es jedem, einmal in „Lob des Sexismus" reinzuschauen. Es liest sich recht flüssig und man hat doch einige Aha-Momente, in denen man erst einmal versteht, wieso manches in der Vergangenheit schief gelaufen ist.

Ein Thema, das es vielleicht auch noch wert ist, angeschnitten zu werden, ist die so genannte „Oneitis".

Vielleicht hast Du es schon einmal gehört, vielleicht sogar erlebt. Es geht darum, dass man lange Zeit auf eine verflossene Liebe fixiert ist und denkt, dass man nur mit ihr glücklich werden könnte. Wenn Dir das bekannt vorkommt, stöber ein wenig in den PickUp-Foren.

4.4 Modellieren

Das Neuro-Linguistische Programmieren, kurz NLP, ist ein Entwurf im Gebiet der Persönlichkeitsentwicklung und der Kommunikation – es hat sich inzwischen zu einem relativ großen Konzept ausgeweitet, dessen Tragweite ich nicht komplett überschauen kann und auch nie können werde, weil das Unmengen an Zeit beanspruchen würde – obwohl es in der Theorie sehr vielversprechend klingt!

Es gibt im NLP verschiedene Strategien, die Synergie aus äußeren Eindrücken, bisheriger Gedankenprogrammierung und dem Bewusstsein/-werden über die Handlungsfreiheit zu beeinflussen. Die Grundlage bildet meiner Meinung nach die Kommunikation, sowohl die äußere (mit dem Umfeld), vor allem aber die innere (mit sich selbst). Sobald man ein paar Punkte im NLP begriffen hat, kann man das wunderbar in den Alltag einbauen und seine Einstellung spürbar ändern. Aufgrund der schnellen Erlernbarkeit der gröbsten Grundlagen und der Logik hinter diesem System halte ich es in Kombination mit dem PickUp-Basiswissen für ein überaus gelungenes Konzept, um die ersten Bauklötze auf dem Weg zur Persönlichkeitsentwicklung zu stapeln.

Das – in meinen Augen – sinnvollste Basiskonzept ist die sogenannte Modellierung.
Simpel auf den Punkt gebracht bedeutet es, sich Menschen auf ihrem Weg zum Erfolg anzusehen und dieses Verhalten mit den eigenen gegebenen Parametern nachzuahmen, dieses Modell für sich selbst zu realisieren.

Man analysiert so intensiv wie möglich, wie das Modell aufgebaut ist – was denkt dieser Mensch gerade, mit welcher Motivation kam er zu dem Punkt X, wie verbissen arbeitet er daran, wie geht er mit Hindernissen um, wie leicht ist er aus der Bahn zu werfen, wie ist sein Tagesablauf, welche Unterstützung bekommt er – man wird zu einem Verhaltensweisenstalker. Nach dem Versuch, alles erdenklich Greifbare über seinen Weg zu sammeln, wird es auf einen selbst zugeschnitten und schon wirkt vieles einfacher, weil man eine grobe Schablone hat, an der man sich orientieren kann – man erspart sich einige Trial&Error – Episoden und irgendwann kann man es selbst anwenden. Fake it till you make it.
So simpel es auch klingt, so erfolgreich ist es doch – und so oft handeln wir doch unbewusst schon so, indem wir uns Sachen abschauen.

Du siehst, das hier ist ebenso wie das PU einfach etwas, was man grundsätzlich weiß, aber noch nie klar vor seinen Augen hatte. Auch hier gibt es die Grundlagen schnell auffindbar via Suchmaschine im Internet – allerdings ist das NLP ein deutlich größeres Gebiet als PU. Zusätzlich erfährt NLP gerade eine unglaubliche Kommerzialisierung und man gerät oft an Gratis-Grenzen. Überleg Dir, welche Infos Du wirklich brauchst. Du wirst zumindest für den Anfang nichts brauchen, was etwas kostet. Alles andere kommt live bei Seminaren sowieso deutlich besser rüber als in Schriftform.

<u>4.5 Spiegel</u>

Stell Dich öfter vor den Spiegel. Robert Betz hat in seinem Vortrag „Lebe Dein Leben" (s. Anhang/Empfehlung) erwähnt, wie schade es ist, dass wir in der Schule nicht mehr gelehrt werden, mit uns selbst klar zu kommen.

Er empfiehlt, sich öfter mal eine Zeit lang im Spiegel zu betrachten. Einfach mal schauen, was man da so sieht – wen man da so sieht. Und was man an dieser Person, die man sieht, ändern möchte. Vielleicht auch, was man ändern sollte.

Schau Dir an, wie Du erscheinst. Übe Lächeln, Lachen, benutze Deine Augen, strahl ein bisschen mit Dir um die Wette. Steh morgens auf und geh nicht an den Computer, sondern ins Badezimmer und schau Dich an. Betrachte Dich, bis Du wach bist. Hau Dir ein paar Mal auf die Brust, brüll ein „Yeah", zeig mit Deinem Finger auf Dein Spiegelbild und sag „yes, heute wird erobert". Zwinker Dir zu, erzähl Dir selber, was Du heute machen willst. Freu Dich auf den Tag!

Und hier kommen wir auf direkter Spur zum Meditieren: Für manche der Weg zur Erleuchtung - für mich ein simples Mittel, mich mit mir selber beschäftigen zu müssen. Einfach mal in mich rein hören.

Das ist nicht groß anders als die Spiegel-Erfahrung. Du siehst Dich nonstop selber und wirst vermutlich ein paar Sachen über Dich selbst lernen. Du fängst an, Grimassen zu schneiden, Deinen Kopf nach links und rechts zu drehen, suchst Deine Wangenknochen, gehst vor dem Spiegel vor und zurück.

Lustige Sache, probier das mal aus.

4.6 Switch

Als Prokrastination-Prototyp habe ich oft darüber nachgedacht, wie ich in dem Gebiet irgendwie weiter kommen kann. Ich glaube, das ist eine Angewohnheit, die man nur sehr schwer komplett aus dem Leben bekommt. Man wird sie gut dämpfen können, aber eine gewisse Rückfallgefahr wird wohl immer bestehen, auch wenn man es scheinbar im Griff hat.

Im Grunde genommen liegt der Knackpunkt doch in der Motivations/Handlungsschranke. Wenn man diese Barriere durchbrochen hat, ist der Anfang gemacht und man kommt zu dem Gedanken

„...*And once something goes into motion, it stays into motion – the process itself feeds the fire*"

Vielleicht kannst Du Dich noch ein bisschen an Chemie in der Schule erinnern, da gab es mal die endotherme Reaktion. Wenn Du dafür das Diagramm googlest, siehst Du unser Problem – am Anfang aus dem Stand raus viel Energie aktivieren zu müssen, damit es läuft.

Gut, dann saß ich also stolz auf der Terrasse, ließ mir die Sonne ins Gesicht scheinen und freute mich darüber, dass ich das Kernproblem realisiert habe – und saß da noch 3 Stunden, statt technische Thermodynamik zu üben.

Hat also super geklappt mit dem Durchbrechen der Barriere – ich habe es nicht geschafft, aus dem „beweg Deinen Arsch runter und setz Dich mit Block und Stift hin und lern den Shit"-Gedanken irgendetwas Produktives zu erschaffen.

Irgendwie habe ich es nicht hinbekommen, diesen Schalter, der mich in Aktion setzt, zu betätigen. Ich hatte keinen Bock darauf, keinen Antrieb, keine Willensstärke.

Und genau das mit der Willensstärke war der Punkt, der mich irgendwann angepisst hat. Dass man keinen Bock hat, irgendwas zu machen – okay. Dass man deshalb mal halbherzig an irgendwas rangeht.. nicht okay, aber passiert. Was mir aber wirklich gegen den Strich ging, war die Tatsache, dass ich grundsätzlich nicht die Willensstärke habe, mein Handeln zu beeinflussen. Ich kam nicht darauf klar, dass ein paar kleine Gedanken mich von irgendetwas abhalten können, nicht mehr darauf klar, dass ich mir selber im Weg stehen kann – und, dass ich gegen die Grenzwände meiner Bequemlichkeitszone anrennen kann, aber nicht durchkomme. Normalerweise wäre ich gerne immer ein bisschen stärker als ich bin. Mit meinem grandiosen Selbstbild von mir würde ich einfach durch alle Wände der Welt durchrennen. Einfach so. Wie im Comic, du siehst dann nur meine Umrisse als Loch in der Wand. Wenn ich einen guten Tag habe, reiß ich beim Durchrennen gleich 5-10 Meter Mauer um!

Aber hier.. nichts. Die Mauer wackelt nicht einmal. Ich sitze hier, schaue die Mauer an und schlendere auf sie zu – dann klopfe ich mit den Knöcheln der rechten Hand dagegen, murmle „hm.. stabile Sache", kratz mich kurz am Dreitagebart und schlendere zurück.
Vielleicht kennst Du das, Du schaust auf die Uhr – 12:43 Uhr – und denkst „okay cool, um 13 Uhr fang ich an, zu lernen".
Dann ist 12:58 Uhr, 12:59 Uhr, … , um 13:09 kommt der Gedanke – „fuck, dann 13:30 Uhr".
Was Du um 13:30 Uhr nicht machen wirst – und um 14 Uhr und um 15 Uhr auch nicht – muss ich hier wohl nicht schreiben. Wenn Du es dann abends endlich mal schaffst, zu lernen, hast Du meinen Respekt – wenn es bei mir beim ersten Versuch nichts wird, stehen die Chancen schlecht. Sehr schlecht.

Gut. Ich saß da also und begriff langsam, aber sicher, dass meine Willenskraft ziemlich beschissen ist. Also habe ich angefangen, mir selber Aufgaben zu stellen, die ich sofort bewältigen musste.

Es war für mich komplett logisch. Wenn wir anfangen, zu trainieren, können nur die wenigsten direkt 1,5faches Körpergewicht beugen – wenn wir uns aber langsam hocharbeiten, können wir es erreichen. Dann kann theoretisch jeder dieses Ziel erreichen.

Wieso also sollte das nicht auch bei diesem Umschalten funktionieren? Vielleicht kann ich irgendwann alle Mauern einrennen, wenn ich anfange, das zu üben.

Wenn das große Ziel „wenn Du JETZT lernen solltest, dann lerne JETZT und schieb das nicht auf!" heißt, waren die ersten Schritte etwas unklar. Entweder ich lerne, oder ich lerne nicht – bisschen Lernen ging da schlecht

Es waren anfangs viele kleine, völlig unprofessionelle Sachen. Während ich am Laptop saß, habe ich mir gedacht „steh auf" und ich bin aufgestanden. Irgendwann bin ich vor in die Küche gelaufen, habe lauter

Kleinkram im Haushalt gemacht – gerade das, was ich mir eben „befohlen" habe, um zu schauen, ob ich mich selber im Griff habe.

Das erste Mal etwas blöd geschaut – beziehungsweise mir selber die Frage gestellt, ob ich noch ganz knusper in der Birne bin – habe ich, als ich heim kam und mir gedacht habe „jetzt gehst du nochmal runter und läufst um den Block". Da kam ich mir ein wenig selbstverarschend vor und habe überlegt, ob das irgendwie zielführend ist, was ich hier abziehe.

Ich hab es gelassen und bin ins Bett gegangen – nach 5 Minuten bin ich aufgestanden, hab meine Sachen wieder angezogen und bin um den Block gelaufen. Und weil ich gerade so cool war, bin ich gleich noch eine Runde gelaufen. Um 2 Uhr nachts.

Wir reden hier von kleinen Blocks, ich war insgesamt vielleicht 10 Minuten unterwegs. Und trotzdem stand ich nach Runde 2 vor meiner Haustür und hab mein faules Ego ausgelacht. Komplett bescheuert, zum Glück hat mich niemand gesehen. Dabei gesehen, wie ich mich gerade darüber freue, dass ich nachts um 2 Uhr zweimal um den Block latsche und mich dann darüber freue, mich selbst besiegt zu haben.

Liest sich vermutlich auch gar nicht mal so intelligent – geholfen hat es trotzdem.
Es wurden immer „größere" Aufgaben und ich habe angefangen, diese Methode auszuweiten. Wenn ich keine Lust auf Cardio nach dem Training hatte, habe ich mich gefragt, ob ich mich von mir selber besiegen lassen will. Wenn ich morgens aufwache und weiterschlafen will, denke ich an meine „schlechte Hälfte" und darüber, dass dieses „faule Ich" so wenige Chancen wie möglich bekommen darf.

Du kannst Dir in jeder Situation ein gutes und ein böses Ego vorstellen. Das böse Ego stellt sich komplett unterschiedlich dar – mal ist es ängstlich, mal faul, mal überarrogant – aber Du kannst Dich immer wieder bewusst diesem Kampf stellen. In jeder Situation. Denk doch mal darüber nach, ob Du jetzt einfach aufstehen und um den Block laufen würdest. Ohne Musik, einfach so. Und jetzt schau, ob Du es machst. Wie viele Gedanken Dir durch den Kopf schießen, die dagegen wären. Wie viele Hindernisse Du Dir selber in den Weg stellst. Nochmal anziehen, kalt draußen, dunkel, ungeschminkt, Regen, Aliens. Und wenn wir anfangen, diese kleinen Anti-Motivationals jedes verdammte Mal kleinzuhauen und alles, was nicht komplett sinnlos ist, einfach durchzuziehen – dann kommt irgendwann der Punkt, an dem wir auch das machen, was sonst so unglaublich schwer geht: Lernen, bevor man ein Zeitproblem bekommt.

Nochmal, ich weiß, dass es etwas beschränkt klingt. Aber probier es aus, wie viel Du Dir selber befehlen kannst, bis Deine Reaktion nicht mehr direkt darauf erfolgt. Du kannst das überall verwenden – beim Lernen, im Haushalt, wenn Du gerade wieder am vollen Mülleimer vorbeiläufst, im Club, wenn Du es nicht auf die Reihe kriegst, die Frau anzusprechen, überall.

Aber Du musst es machen. Gedanken wie „ja, könnte ich schon, aber mach ich jetzt nicht" kannst Du Dir gepflegt stecken. Die bringen Dich nicht weiter.

Bescheiß Dich nicht selber und mach Dich ruhig mal lächerlich.

Das ist der für mich effektivste Weg gewesen, umschalten zu können. Vielleicht hast Du ja auch keinen Bock, dauernd gegen Dich selber zu verlieren.

In diesem Sinne: Stell Dich vor den Spiegel.

4.7 Klarträumen

Extrem coole Sache sind Klarträume / luzide Träume. Vielleicht ist das etwas, was Du mal ausprobieren möchtest, es ist relativ simpel. Stell Dir vor, Du redest gerade mit irgendjemandem und dann denkst Du Dir „ach komm, ich hab keinen Bock mehr" – und fliegst einfach weg. Du hebst einfach ab und bist weg. Dann fliegst Du über Deine Stadt und kannst alles anstellen, was Du möchtest.
Beschäftige Dich dafür mit „Reality Checks" – Du musst also im Wachzustand sicherstellen, dass Du tatsächlich wach bist. Zähl Deine Finger nach, betätige den Lichtschalter. Sag ab und zu einfach „ich bin wach!".

Irgendwann im Schlaf kommt dann der Moment, in dem Du das automatisch machst und merkst, dass Du nur 9 Finger hast oder der Lichtschalter nicht funktioniert.

Vielleicht kennst Du das Gefühl, wenn Du gerade einschläfst und merkst, wie Deine Gedanken langsam von Dir ziehen, sich verselbstständigen und sich neue Assoziationsketten bilden.

Ebenso kennst Du vermutlich den Moment beim Einschlafen, wenn Du auf einmal denkst, dass Du stolperst und zusammenzuckst. Diese beiden Situationen sind typisch für den Beginn des Klarträumens.

Lies Dich darüber etwas im Internet ein, das könnte Dir durchaus Spaß machen.

4.8 Konkrete Tipps

Das wird hier vermutlich der Kernpunkt der Sache. Die Tipps, um glücklich zu werden. Ich weiß nicht, ob sie Dir ebenso viel bringen/nutzen, wie mir – das Wichtigste ist, dass Du es wirklich ausprobierst. Ich weiß nicht, ob Du das Kapitel brauchst – beziehungsweise, welchen Unterpunkt Du brauchst. Such Dir einen aus, der bei Dir nicht klappt. Wenn Du allerdings bis hierher gelesen hast, ohne zu merken, dass viel Theorie ohne Praxis für den Arsch ist, musst Du gar nicht erst weiterlesen. Dann wirst Du Dir nämlich denken „ok cool könnte klappen", die PDF schließen und normal weiterleben, ohne es probiert zu haben.

Wenn Du Deinen Arsch nicht hochkriegst:

Nimm das Karteikartensystem, beschrieben im Zeitkonto-Kapitel und wende es an. Übe das Switchen, mach Dich schneller „zündfähig". Sobald ein antreibender Gedanke kommt, musst Du ihn umsetzen können. Wenn es nicht klappt, sortier Deine Gedanken. Was stört Dich, was hält Dich vom Lernen ab? Es klingt völlig bescheuert, aber es gibt einen netten Trick, um schlechte Gedanken abzuschmettern:
Je länger ein unpassender Gedanke aufrecht bleibt, desto stabiler wird er. Das sind diese nagenden Zweifel, die Überlegungen, etwas aufzuschieben, das „schauen wir mal..", das „noch 2 Minuten", das „nur noch eben hier was schnell fertig machen" – all das sind Gedanken, die Deine Ablenkung fördern. Je länger Du Dir Zeit lässt, desto öfter kommen solche Gedanken wieder. Und die Gedanken werden immer stabiler. Das sind unbewusste Geschichten, die irgendwann zögerlich an die Oberfläche kommen – und sich immer weiter festsetzen, wenn man sie nicht sofort abschmettert.
Sobald so ein Gedanke kommt – zerschieß ihn. Klatsch ihn weg, schlag ihn tot. Hau mit einer imaginären Faust auf den Tisch, lass das Blut pulsieren, bis die Adern auf dem Kopf anschwellen. Raste im Kopf aus, als hätte Dir gerade jemand vorgeschlagen, Deine Familie umzubringen. Hasse diesen ablenkenden Gedanken abgrundtief. Sobald Du merkst, dass irgendetwas in Richtung „nur noch kurz..", „vielleicht doch.." durchkommt, brüll in Gedanken „NEIN verdammt". Je früher Du mit aller Vehemenz dagegen angehst, desto zielführender ist es. Probier es aus.

Du kannst natürlich auch immer und immer wieder Gründe suchen, wieso Du gerade nicht starten kannst. Diese Ablenkungsgedanken, das „ich räume mein Zimmer schnell auf", das „ich muss meine Bleistifte noch spitzen", das ist alles völliger Bullshit. Schmeiß Dein gesamtes Zeug vom Schreibtisch und fang an, aufräumen kannst Du das danach, das weißt Du selbst. Und auch stumpfe Bleistifte können noch schreiben. Entweder Du bist der Siegertyp, der unter allen Umständen anfängt, Leistung bringt und besteht – oder Du bist die Flachpfeife, die das ganze Leben auf den besten Moment für den Anfang wartet. Die Flachpfeife, die für Ausreden lebt.

Es wird niemals dieser Moment kommen, der perfekt für den Anfang zu sein scheint, das musst Du verstehen. Niemals wird dieser Moment kommen, der keine Ausreden bereit stellt, bei dem das Wetter so ist, wie Du es brauchst, bei dem die Lautstärke so ist, wie Du es brauchst, bei dem Deine Gefühle so sind, wie Du sie brauchst.

Und selbst, wenn es ihn gäbe – wenn Du nur unter solchen Umständen anfangen könntest, was glaubst Du, wie schnell Du aufgeben würdest, wenn das kleinste Hindernis käme. Wenn die erste Wolke am Himmel aufzieht. Es ist einfach, bei Sonnenschein loszulaufen und beim ersten Tropfen mit den Worten „oh, es regnet, gehen wir heim" umzukehren. Aber es ist Stärke, im Gewitter loszurennen, der Sonne entgegen. Starte auch dann, wenn Du am schlechtesten drauf bist. Genau dann hattest Du schon alle Rückschläge hinter Dir und kannst bergauf rennen.

Wenn Du kontaktscheu bist:

Lies Dich in PickUp ein. Zieh Dich besser an. Mach was aus Deinem Bart, Deiner Frisur. Geh trainieren, werde selbstbewusster. Wenn Du schon trainierst, trainier härter. Und – lerne, mit Menschen in Kontakt zu treten, die Du nicht kennst.
Geh öfter einkaufen. Ich habe es gerade getestet, extra für dieses Buch – ich war 5 Minuten im Supermarkt und konnte 3 Leute ansprechen, die ich nie zuvor gesehen habe. Es geht hier nicht darum, Chicks aufzureißen oder Kumpels fürs Leben zu finden – Du musst offener werden. Dazu gehören einfache Sätze wie „Sorry, lässt Du mich kurz vorbei?" wenn jemand seinen Einkaufswagen räudig platziert hat (wie es heutzutage üblich ist in deutschen Supermärkten.. keine Ahnung, wie die Leute den alltäglichen Straßenverkehr überleben, so, wie die mit ihren Einkaufswägen hantieren), „hey, kannst Du mir auch so ein Ding da geben?" wenn Du eines dieser berühmten Shopperstopper-Teile auf dem Kassierband brauchst, für das es keinen offiziellen Namen gibt – und schlussendlich habe ich noch den Klassiker ausgepackt: „Soll ich Ihnen schnell die Kästen ins Auto heben?". Handgestoppte 9 Minuten 27 Sekunden, 3 angefangene Gespräche, die die Basis für halbstündige Unterhaltungen darstellen könnten.
Du kannst ewig so weitermachen. Fang an, die Leute anzutexten! Wenn

jemand hinter Dir an der Kasse steht, frag ihn, ob er so ein.. Ding (verdammt, wir nennen das jetzt „Warentrennstab") braucht. Frag die Leute nach der Uhrzeit. Dir muss nicht erst jemand im Weg stehen, damit Du einen Grund hast, die Leute anzuquatschen!

Wenn ich einen guten Lauf habe, grüße ich mit einem Lächeln im Gesicht wildfremde Leute, 10 Stück am Tag. Scheißegal, ob was zurückkommt oder nicht, Du läufst ja weiter. Die siehst Du im Zweifelsfall nie wieder – vor allem, weil sie ja in die entgegengesetzte Richtung weiterlaufen. Rede, Alter, rede!

Um Dir gleich mal die Angst zu nehmen: Als ich damit angefangen habe, kam ich mir extrem dämlich vor. Phase 1 war, dass ich an der Kasse stand und vor mir irgendein Mensch – und ich habe wirklich mehrere Sekunden überlegt, was ich sage. „Hallo, wären Sie so freundlich und könnten mir so ein Di.. einen dieser Stäbe da geben?" oder vielleicht „Entschuldigung für die Störung, unsere Ware bedarf einer Trennung, um die in Zukunft eintretenden Eigentumsverhältnisse korrekt zu kennzeichnen – bitte, reichen Sie mir eine jener Markierungshilfen".. was es nicht alles gibt. Im Endeffekt habe ich mit leiser, heiserer Stimme ein „sorryichbrauchsonenstab" rausgebracht. Du kennst das vielleicht, wenn Du etwas sagen willst, und Deine Stimme zündet noch nicht richtig. Ziemlich peinlich und lächerlich.

Irgendwann kam ich mir selber lächerlich vor und ich habe mich dazu durch gerungen, einen festen Satz daraus zu basteln. Ich nuschelte – in Phase 2 – also schon „hey, kannst Du mir so einen Stab geben?". Mit leiser, heiserer Stimme. Immer noch beschissen. Also weiter.

Phase 3: Ich sehe jemanden, sehe den scheiß Warentrennstab und will den. Und dazu will ich die Person ansprechen. Ich realisiere also, dass ich jetzt gleich mein Maul aufmachen und meinen Charme spielen lassen werde. Ich komme frisch aus dem Solarium, meine Zähne sind gebleached, mein Bart hat die Konturen des Todes und im Moment kann nichts mehr schief laufen. Aus lyrischen Gründen würde es jetzt sinnvoll sein, wenn ich noch ein „tja, denkste" reinbaue – aber das war nicht der Fall. Es lief perfekt. Ich war mir meines Einsatzes bewusst, habe mein Lächeln ausgepackt, meine Stimme schon mal hochfahren lassen und schlicht und ergreifend gesagt, dass ich den scheiß Stab da brauche. Ganz einfach. Spontan, mit korrekter Stimmlage + Stimmlautstärke, Ende.

Viel Spaß dabei, die Phasen zu durchlaufen. Der wichtigste Punkt bei mir war die Stimme, weil ich ewig gebraucht habe, um sie sporadisch so abrufbar zu machen. Vielleicht ist das nicht bei allen Leuten so – dazu habe ich leider gerade keine Studie parat. Probier es, red die Leute an. Und wenn Du Dir jetzt denkst, dass Du für sowas keine Möglichkeiten, keine Optionen hast – dann lach Dich selber aus. Geh auf die Straße, grüß irgendwen, geh weiter, fertig. Scheißegal, was die Reaktion ist. Dann ab in den Supermarkt, Leute antexten. Du musst lernen, Leute, die Dir entgegenkommen, lächelnd anzuschauen und NICHT wegzuschauen.

Alternativ – google nach „Don Juan Bootcamp" in einem PickUp-Forum.

Wenn Du im Studio nicht auf 100% schalten kannst:

Du kennst diese farbigen „Erfolgsbalken" vielleicht von Computerprogrammen, das erste Drittel ist auf rot, das zweite Drittel auf gelb und das letzte, das rechte Drittel, ist hellgrün gefärbt – oder andersrum. Wenn Du ihn nicht kennst, google ein wenig in der Bildersuche rum – „progress bar" oder „progress bar color" wird hinhauen, denke ich. Wie so oft geht es hier um die Visualisierung. Vielleicht kennst Du es, wenn Du im Gym bist und einfach irgendwie Deine Wiederholungen runter pumpen willst. „Okay, letztes Mal hab ich 10 gemacht, also muss ich heute 11 machen. Wenn ich 11 gemacht habe, kann ich heimgehen". Vielleicht bin ich auch der einzige Mensch der Welt, der manchmal dieses Alibipumpen absolviert, wenn er nicht auf Koffein + Jack3d trainiert – vielleicht aber bringt Dir die folgende Vorstellung (Visualisierung... langsam nervt mich das Wort selbst) etwas:

Such Dir eine Farbe, die Du mit komplettem Ausrasten assoziierst. Mit Feuer, Benzin, Hass. Bei den meisten Leuten wird das die Farbe Rot sein.

Falls es bei Dir Rot ist, dann nimm Dir entweder irgendwas Kleines, Rotes mit ins Training – oder druck Dir einfach 2-4 Quadratzentimeter Deines gewünschten Farbtons auf Papier aus und schau Dir das vor dem Training an. Leg es von mir aus auch beim Training in Sichtweite, wenn die letzten Wiederholungen in greifbare Nähe kommen, wird Dir das Bild – oder das visuelle Bild – helfen, umzuswitchen.

Das ist ganz simples Verknüpfen auf Mind-Muscle-Schiene. Du konfigurierst in Deinem Kopf einen Zustand, der durch ein gewisses Bild projiziert wird – nimm als Bild diesen Ladebalken, der am Ende nur noch zäh vorwärts geht, aber die 100% erreichen muss - nimm einen Drehzahlmesser, der am Begrenzer das so typische Rattern ertönen lässt, denk an die Cockpits von Flugzeugen oder Motorboten, die durch diesen Schubkrafthebel gesteuert werden. Ob Du Dir jetzt das rot blinkende „DANGERZONE"- Schild vorstellst oder ein Gaspedal, das immer weiter durchgedrückt wird, ist von Mensch zu Mensch unterschiedlich. Such Dir Dein „Mantra" aus und nutze es.

Wenn Du ein Tollpatsch bist und Dich nonstop unsicher durch die Welt bewegst:

Ich bin der größte Trampel der Welt. Seit meiner Geburt bin ich koordinativ deutlich eingeschränkter als der Durchschnittsmensch und nach einem Motorradunfall kam da noch eine gewisse Steifigkeit dazu. Ich bin also ebenso einer der Trottel, der die Hantelscheiben fallen lässt, öfter mal gegen irgendwas läuft oder einfach von den Bewegungen her ästhetisch scheiße ausschaut. Was aber immer, wirklich IMMER hilft, ist das Lachen über sich selber.

Klar, mach einen Joghurt auf, verschütte die Hälfte über Dein Shirt, senk den Kopf und tu so als wäre nichts passiert. Klassisches Pokerface. Wirkt das selbstbewusst?

Alternativ machst Du den Joghurt auf, verschüttest die Hälfte über Dein Shirt, beißt Dir grinsend auf die Unterlippe und bringst ein lächelndes "Fuck" aus Dir hinaus. Wirkt - in meinen Augen - deutlich cooler. Deshalb handle ich das auch seit Monaten so.

Das ist wieder eine kleine alpha-Diskussion. Entweder Du hoffst, dass es niemand gesehen hat, verbunkerst Dich und schaust niemandem in die Augen, oder Du lachst alle Leute an und denkst Dir "geil, Joghurt verschütten kratzt nicht an meinem Ego. Wenn es Euch gefallen hat, kipp ich gleich noch einen hinterher!". Fehler machen --> heulen vs. Fehler machen --> damit umgehen können. Ziemlich easy eigentlich.

Du wirst diese Unsicherheit nicht schnell und vielleicht nie vollständig ablegen können. Wer einmal Fettnäpfchentreter ist, wird das so bald nicht mehr los. Aber Du kannst - wie so oft - daraus lernen. Wenn Du ein verpacktes Geschenk kriegst, lässt Du Dir einmal Zeit und überlegst Dir, wie die Verpackung angeordnet sein könnte und beim nächsten Mal musst Du nicht mehr lange danach suchen. Und wenn doch, dann murmelst Du ein "das ist so schön verpackt, das will ich gar nicht aufreißen. Da muss man mit Gefühl drangehen" - und entweder der Absender lacht oder bringt das übliche "ach Quatsch, reiß auf".

Es klingt etwas abgedroschen, aber das kannst Du auf alles übertragen. Such die Situationen, in denen Du unsicher bist und bewältige sie. Irgendwann hast Du ein Repertoire angesammelt und Deine

Transferfunktion für andere, unbekannte Situationen fängt an, zu fließen. Nochmal, such die Situationen! Wenn Du so ein Fettnäpfchentreter bist, wirst Du höchstwahrscheinlich Probleme mit Menschenmengen haben und Dich immer ein bisschen beobachtet fühlen, wenn Du zum Beispiel an einer Gruppe von Leuten vorbeiläufst. Such Gruppen von Leuten, lauf an ihnen vorbei. Einmal reicht, dann eine neue Gruppe suchen, sonst wirkt das bisschen psycho. Wenn Du das geschafft hast, kannst Du bei der nächsten Gruppe mit Kopfhörern vorbeilaufen und ein bisschen zu den Tracks mit summen.

Geh in den Supermarkt (Du merkst langsam, dass der Supermarkt die Schule meines Lebens war), lass absichtlich etwas fallen, was nicht kaputt gehen kann, und heb es mit einem Lächeln wieder auf.

"You've got to be comfortable with being uncomfortable"

Sobald Du in einer Gruppe bist, pack Joghurt aus, mach ihn auf. Du musst das üben, lernen, manifestieren, gute Erfahrungen sammeln. Du kannst bei diesem Spiel nicht verlieren. Auf keinen Fall. Der einzige Weg, zu verlieren, ist - richtig - es nicht zu probieren.

Wenn Du ein Internetjunky bist:

In meinen Augen ist jede Sucht ähnlich aufgebaut. Wenn man abhängig von etwas ist – die Definition des Wortes „abhängig" darf jeder mit sich selbst ausmachen – durchlebt man bei den meisten Faktoren ein ähnliches Schema. Zu einem Zeitpunkt X entschließt man sich, diesem Verhalten zu entsagen und beginnt den „Entzug".

Nachdem ich das Glück habe, bei so ziemlich allem recht schnell ein durchaus vorhandenes Suchtpotential zu realisieren, habe ich damit einige Erfahrungen gesammelt. Die ersten Stunden nach dem Zeitpunkt X fühlt man sich relativ gut – so lange, bis irgendwann die ersten Erinnerungen daran kommen, die Sehnsüchte. Man überlegt sich, ob man nicht „heute noch.. und ab morgen dann nicht mehr" dieser Sucht nach geht. Du kannst das auf alles anwenden, Internet, Schokolade, Kippen, Alkohol. Der „ein letztes Mal noch"-Gedanke wird immer und immer wieder kommen. Wenn eine erste Zeit überstanden ist, fällt einem der Verzicht deutlich leichter. Je größer der Abstand zu Zeitpunkt X ist, desto geringer ist das Verlangen danach – man würde vermutlich eine schöne negative Exponentialfunktion bekommen, wenn man das auf Papier bringen würde.

Stellt sich die Frage - wie kommen wir möglichst weit weg vom

Zeitpunkt X, um weniger Verlangen danach zu spüren? Weniger Verlangen nach Facebook, uninteressanten News, ungelesenen Beiträgen in Foren.

Hier greift glücklicherweise noch die Eigendynamik des Internets mit ein. Vielleicht kennst Du den Moment, wenn Du aus dem Urlaub kommst und Deine Facebookhauptseite endlos erscheint, Du alles nur noch überfliegst oder keine Lust auf über 100 neue Mails hast. Oder Dich 15 Seiten ungelesene Themen erwarten und Du eiskalt auf „alle Foren als gelesen markieren" klickst. Nun, dieser Zustand kommt uns zugute. Wir müssen also nur schauen, wie lange wir internetabstinent bleiben müssen, bis sich so viel Müll angesammelt hat (der uns eigentlich sowieso nicht interessiert), dass wir einfach keine Lust mehr haben, uns durch diesen Berg zu wühlen. Diese Zeitspanne variiert in meinem Umfeld im Bereich zwischen 12 Stunden (!) und 10 Tagen.

Einige Leser werden sich mit Intermittend Fasting auseinandergesetzt haben, einer Ernährungsweise, bei der man nur in einem bestimmten Zeitfenster täglich isst. Als ich damit begann, nur noch 4-6 Stunden täglich zu essen, kam ich erstmals auf den Trichter, dass die „Zeitpunkt X"-Theorie sogar hier zutrifft. Legt man sich sein Essensfenster beispielweise auf die Zeit von 16-20 Uhr, gibt es zwei Szenarios:

Das Falsche: Man hat um 12 Uhr etwas Hunger und isst etwas.
Das Richtige: Man hat um 12 Uhr etwas Hunger und isst nichts.

Normalerweise denkt man sich doch, dass die „falsche" Variante für weniger Hungergefühl zwischen 12 und 16 Uhr sorgen müsste. Lustigerweise ist es aber genau gegensätzlich, übersteht man die kurze Hungerperiode um 12 Uhr, flacht das Hungergefühl deutlich ab. Isst man jedoch etwas, hat man „Blut geleckt". Hier lässt sich das relativ einfach mit Blutzuckerschwankungen und ähnlichem, was nicht in dieses Buch gehört, erklären.

Ebenso läuft es aber hier mit unserer Internetsucht. Wer aufwacht und den Laptop anmacht, gerät wieder in den Suchtbereich. In einem netten Motivationsvideo wird von „let me not hit up my facebook like it's a crackpipe, keep the browser closed!" geredet, ganz im Sinne einer Droge.

Bester Fehler also: Aufstehen und den Browser öffnen. Viel falscher kann man es nicht machen. Probier es aus und mach einen 3tägigen Test – geh nicht vor 18 Uhr in Facebook oder Foren und check Deine Mails nicht. Nicht die privaten. Wenn es wirklich wichtig ist, wird man Dich anrufen – schlimm genug, dass wir heutzutage andauernd erreichbar sind.

Wenn Du glaubst, dass nichts mehr geht:

„it's only after we've lost everything that we're free to do anything"

4.9 Empfehlungen

Du musst Dir Motivation suchen, erarbeiten, erkämpfen. Wenn Du extrem gut auf visuelle/auditive Reize reagierst, such YouTube nach Videos ab. Wenn Du mehr brauchst schreib mich an, am Ende des Buches findest Du verschiedene Kontaktmöglichkeiten – ich schicke Dir dann eine Liste von Links zu Videos, die bei mir gezündet haben. Vielleicht ist auch etwas für Dich dabei!

5. BEITRÄGE UND ANTWORTEN

Im Laufe der letzten Jahre hat sich einiges angesammelt, was ich in dieser Form nicht noch einmal – beziehungsweise besser – in eigenen Worten ausdrücken könnte. Dieses Kapitel 5 wird wohl das philosophischste im gesamten Buch und vielleicht interessiert Dich als Nicht-Motorradfahrer der erste Abschnitt auch gar nicht. Falls Du nicht so auf dieser Philosophierille fährst, überspring es einfach. Damit wärst Du hier am offiziellen Ende des Buches angelangt, ich hoffe, das Lesen war für Dich keine verschwendete Zeit.

5.1 Motorradforen

Vermisst Du das Motorradfahren etwas?

Ja, total. Ich denke oft daran zurück und träume noch regelmäßig davon, Wheelies zu ziehen. Aber gleichzeitig merk ich auch, dass es die beste Entscheidung war, die Daytona zu verkaufen und meine Kleidung zu verschenken - ich würde im Moment nicht anders fahren als damals und wie ich diese 4 Jahre Motorradfahren überlebt habe, weiß ich bis heute nicht. Ich glaube, ich habe alle Schutzengel der Welt aufgebraucht und man muss es nicht immer provozieren...

Das Motorradfahren war für mich einerseits wirklich geil, weil ich viele Leute kennengelernt habe und oft einfach mal abschalten konnte. Man hat sich nachts um 2 an der Tankstelle getroffen und ist bisschen rumgecruised, ist übers Wochenende nach Österreich oder Tschechien gefahren oder hat sich einfach zusammen die Motorräder klauen lassen. Meh.

Andererseits war es für mich oft einfach wie eine Droge. Völlig hirnloses Rumgeballere auf den Hauptstraßen mit Geschwindigkeiten, die einfach nicht zu verantworten waren. Eine Art Suche nach Bestätigung, wenn man an Nachtclubs vorbeifährt und aufreißt, wenn man an der Ampel steht wie Ghostrider und lässig-cool zum Auto nebenan rüber schaut. Ich habe mich früher oft in Geschwindigkeit und vielleicht auch irgendwo in diese "Macht der Anonymität" geflüchtet. Ich war einfach jemand, den man nicht erkannt hat mit einem Motorrad, das schneller als 95% der Autos war. Sobald ich den Motor angelassen habe, hatte ich immer dieses FuckYeah-Gefühl - allerdings ist in meinem Hinterkopf immer so ein kleiner Mythos mitgefahren. Ich wollte vielleicht zu oft ein cooler Motorradfahrer sein, der mit seinem hochriskanten Fahrstil etwas kompensieren zu können dachte. Schwarze Lederkombi an, schwarzen

Helm auf, schwarzes Visier runter, Zündung an, Ipod auf Vollgas und dann fahren wie ein Kranker.

Ich war kein Motorradfahrer mit Talent - Angststreifen wegfahren, Knieschleifen, das ging alles. Aber ich war immer umgeben von Leuten, die deutlich besser fahren konnten als ich und ich wusste immer, dass ich so nie fahren werde. Das hat mich aber nie groß gestört, weil ich mir all die Bestätigung dadurch geholt habe, mit anderen Jungs durch die Stadt zu brennen. Ziemlich schwache Aktion von mir, aber ich kann es nicht mehr ändern und kann heute nichts machen außer dankbar zu sein, dass mir mit 5 Unfällen bei teilweise doch krasser Geschwindigkeit nie etwas Ernsthaftes passiert ist - und vor allem sonst niemandem etwas passiert ist.

Vielleicht hast Du damals mitbekommen, warum ich eigentlich aufgehört habe - Ich habe all das, was ich da oben geschrieben habe, zum ersten Mal realisiert. Ich habe verstanden, dass ich irgendwie falsch programmiert bin und nicht "normal" fahren kann, weil es Spaß macht, sondern nur asozial fahren kann, um den Kick zu holen. Ich bin zwischendurch auf Fallschirmspringen umgestiegen, wird aber auf Dauer zu teuer.

Dazu kam dann, dass ich meinen Kids gegenüber immer gern was von Verantwortung und Ruhe erzähle, dass ich ihnen Besinnlichkeit und "Durchatmen, sobald es hektisch wird" ans Herz lege – und sich das extrem schlecht damit vertragen hat, dass ich nächtlich dreistellige Nummern auf dem Tacho stehen hatte.
Irgendwann kommt bei jedem der Punkt – beziehungsweise sollte er kommen – an dem man merkt, dass man eine gewisse Verantwortung hat. Gegenüber seiner Familie, seinem Umfeld.
Ich hatte noch dazu das zarte Glück, dass meine Schwester, meine Mutter und auch einige meiner Freundinnen damals nicht so begeistert waren vom Motorradfahren. Vielleicht kennst Du den Blick, wenn Deine Mutter Dir besorgt nachschaut, wenn Du mit dem Helm in der Hand die Haustür hinter Dir schließt. Diesen „komm bitte heil wieder"-Blick. Nicht schön, gar nicht schön. Den nicht mehr sehen zu müssen ist vermutlich das einzig Gute an der Sache.
Vielleicht findet sich der ein oder andere in diesem Text wieder. Das kann man nämlich wunderbar auf Autos übertragen.
Aber ich vermisse es, ja. Kann man nicht anders sagen.
Fahr vorsichtig ;)

Tod eines Users

Ich habe mir jetzt eine Zeit lang überlegt, ob, beziehungsweise was ich schreibe.

Zuallererst selbstverständlich mein Mitgefühl an Leute, die sich eng mit ihm verbunden gefühlt haben - Familie, Freundeskreis, Mitschüler, Motorradkollegen.

[...]

Es gibt allerdings noch einen Punkt, den ich ansprechen möchte, auch wenn er wahrscheinlich nicht 100%ig in diesen Thread passt.

Ich weiß, dass es leicht dahergeredet ist und ich weiß auch, dass ich 4 Jahre älter bin als der Durchschnittsuser, aber lest es Euch bitte wenigstens kurz durch und nehmt es Euch zu Herzen. Ich weiß ebenso, dass ich absolut nichts verändern kann und dass ich gegen eine Wand rede.

Aber fällt es denn keinem auf, dass in der Liste der neuen Beiträge dieser Thread hier - ein Thread, in dem der Tod eines sehr bekannten Forumsmitglieds betrauert wird - zwei Threads unter dem Schräglagenpictures-Thread liegt?

Fällt niemandem auf, dass die User immer noch Sprüche wie "wer vor der Kurve nicht bremst, war auf der Geraden eine Schwuchtel" in ihrer Signatur stehen haben?

Ich kann Euch vorhersagen, wie die nächsten Wochen ablaufen werden. Die nächsten Tage denkt Ihr beim Aufsteigen an Maurice. Beim Fahren, beim Absteigen.

Dann nur noch beim Aufsteigen.
Dann, wenn ihr mal länger an einer Ampel steht

..und in spätestens 4-5 Wochen fahren wieder alle wie die Gestörten.

Ich schließe mich nicht aus, ich attackiere mich da ein bisschen selber, ich bin absolut kein Engel, was das Motorradfahren angeht. Aber meine wilde Zeit - und mit ihr die Zeit, in der ich mich durch Schräglage, Knieschleifer, Angststreifen, V-max, Driften, Fahren im Winter profiliert habe - ist schon vor über einem Jahr gegangen.

Ich weiß, Sprüche und Schräglagenbilder gehören zu unserem Hobby wie Licht zum Sonnenstrahl. Aber es gibt immer Leute, die nicht über solchen Sprüchen stehen - sei es, weil sie nicht die geistige Reife besitzen, weil sie zu jung sind, was auch immer. Das soll übrigens kein Angriff sein, auch hier schließe ich mich nicht aus.

Überlegt Euch solche Sprüche bitte zweimal. Überlegt Euch, wie ihr fahrt, wie ihr mit anderen zusammen fahrt. Zeigt Verantwortung, zeigt, dass ihr leben wollt! Lernt aus solchen furchtbaren Unglücken.

Jedes Jahr, jeden Monat kommen neue Mitglieder. Und immer wieder werden solche dabei sein, die sich beeindrucken lassen von irgendwas - nehmt Euch ein Herz und erzählt ihnen die Geschichten von den verunglückten Motorradfahrern und sagt ihnen, dass Motorradfahren ein Miteinander und kein Gegeneinander ist.

Ich wünsche mir so sehr, dass dieser Post einigen Leuten im Gedächtnis bleibt. Aber zum Weltverändern werden nur sehr wenige Leute geboren. Und zu denen gehöre ich nicht - macht trotzdem das Beste draus.

Wenn ich inzwischen in über 4 Jahren Motorradfahren etwas gelernt habe, dann lässt sich das in einem Punkt zusammenfassen:

Es gibt immer Idioten, die labern.

Das fängt an bei der Lederkombi ("biste Rennfahrer oder was?" / "Du tust ja so als würde Deine RS 300km/h fahren").
Das geht über den Fahrstil ("Nur noch 2mm Angststreifen" / "Gestern im Berufsverkehr hart am Knieschleifen auf der B2 gewesen" / "Öh Du Loser Deine Fußrasten sind noch nicht angeschliffen").
Und das endet dann dabei, wenn sie auf die Fresse fliegen ("Ja ging nicht anders, war Öl auf der Fahrbahn/hat mich einer geschnitten/Bremsen haben nicht gegriffen/Reifen war im Arsch" ... - anstatt einfach die Eier zu haben, zuzugeben, dass sie sich hoffnungslos überschätzt haben).

Unterm Strich: Hock Dich eine halbe Stunde in die Morgensonne, trink dazu einen Kaffee und überleg Dir, wie viel an Sicherheitsausrüstung und Gespött und Angststreifen in Millimetern Dir dieses Gefühl wert ist. Ich für meinen Teil habe vor 2 Jahren nach einer Hand voll Beerdigungen beschlossen, dass ich niemandem etwas beweisen muss. Schon gar nicht beim Motorradfahren.

Wenn ich "heizen" gehe und am nächsten Morgen wieder in der Sonne sitzen möchte, ziehe ich mein Zeug an, bremse, sobald ein Schild mit Bodenwelle/Ölspur kommt, pack das Knie nicht mehr aus, komme abends lächelnd heim und bin froh, wieder mal einem 7Zeiler der Zeitung im Regionalteil unter "Biker überschätzt sich" entgangen zu sein.

5.2 Ask.fm

„Womit kann man Dir eine Freude machen? Also materiell, in kleinen Rahmen :)"

Ich bin mir unglaublich sicher, dass ich diese Worte schon einmal geschrieben habe. Aber, ich bringe sie noch einmal: Ich brauch materiell nichts, wirklich überhaupt nichts.

Wenn jemand - wie Du - zu mir käme mit den Worten "Ich habe 10€ und will Dir dafür etwas Gutes tun, was soll ich machen?", dann gehe ich davon aus, dass diese Person mich mag und ich sie auch. Weitergedacht - nachdem ich materiell gesehen in einem für meinen Status grenzperfekten Zustand bin, würde ich mich dann viel mehr darüber freuen, wenn Du diese 10€ so anlegst, dass es DIR etwas bringt, und nicht mir. Immerhin freue ich mich ja darüber, dass Du mir etwas Gutes tun möchtest, dann hättest Du es auch verdient, Dir selbst etwas Gutes zu tun - und ich könnte mich darüber freuen, dass Du Dich freust!

Also würde ich Dir empfehlen: Überleg ein wenig, wem aus Deinem Bekanntenkreis Du schon lange keine kleine Freude mehr gemacht hast, nimm diese 10€ und kauf dafür Deiner Schwester und Deiner Mama je zwei Rosen + einen Zettel mit "ich hab Dich lieb, vergiss das nie", kauf 4 Freundinnen und der Briefträgerin eine Packung Merci-Schokolade oder marschier mit 3 Sixpacks Bier bei Deinen zwei besten Kumpels ein. Und beobachte dann den Moment, wenn sie das jeweils erhalten - glaub mir, wenn Du siehst, wie sich die Leute über solche nicht-alltäglichen Sachen freuen, hast Du mehr davon, als es in mich zu investieren. Grüße :)

„Ich fühle mich so gefangen zwischen Rationalität und Gefühlen... auf der einen Seite möchte ich dieses Leben, was du vorgibst: Glücklich sein an den einfachen Dingen, Spaß an der Beziehung mit Menschen, Spaß unabhängig von den eigenen Problemen, Missgeschicken und "Verkrüppelungen", geistig als auch körperlich. Auf der anderen Seite steht die eiskalte Rationalität, die mir einredet, was alles falsch ist, was Schwachsinn ist, dass es sich nicht rentiert, zu lieben, nicht rentiert zu glauben, zu vertrauen-Dass es das Beste ist, alles zu vernichten und töten, dass wir alle nicht wert sind zu leben."

Probier's doch einfach, glücklich zu sein an den einfachen Dingen. Das Leben genießen, das Du hast, Dir erreichbare Ziele stecken und erreichen, manchmal direkt, manchmal über Umwege. Missgeschicke, Probleme, geistige/körperliche Verkrüppelungen hab ich ebenso, ich kenn das durchaus, dass man einfach mal da sitzt und sich denkt

a) fuck, was soll das jetzt..
b) fuck, ist ja eh scheißegal, wir sterben irgendwann
c) fuck, irgendwie haben es alle anderen Leute leichter als ich
- gerade Punkt c) kommt bei mir oft und gerne. Aber wenn wir das ganz rational darauf runter brechen, was man in dem Moment für Möglichkeiten hat, dann kommt man nur auf "Selbstmord" und "Weiterleben". Selbstmord finde ich ziemlich uncool, schon alleine deshalb, weil man das nicht rückgängig machen kann und so nie die Chance hat, zu erleben, wie sich alles zum Guten wendet. "Weiterleben" ist da schon sinnvoller. Und wenn ich weiterlebe, dann richtig. Dann will ich leben. Und wenn ich dann mit Problemen lebe, ist das immer noch besser als gar nichts mehr zu können. Wenn ich einen frechen Tag habe, dann kommen mir Sprüche wie "Life getting tough means god is afraid of your progress", Tracks wie „Prinz Pi – Fluch der Besten" oder Ähnliches. Sachen, die mir sagen, dass ich einfach gerade getestet werde. Dass ich für Größeres bestimmt bin und das alles hier nur die Einstellungstests sind, um zu sehen, ob ich nicht viel zu schnell zusammenbreche. An der Spitze ist es einsam, die Elite führt ein hartes Leben, sowas. Es gibt nicht "den einen Moment", in dem alles perfekt ist, um irgendwas zu schaffen, das ist ein Irrglaube. Immer, wenn man am Boden ist, kann man richtig, richtig viel lernen, aufbauen, erschaffen.

„Warum fällt es uns so leicht, uns Tag für Tag im Studio abzurackern für ein Ziel, was wir in 3-4 Jahren erst erreichen(einen entsprechenden Körper) aber warum fällt es uns so schwer, für eine Klausur am Ende des Semesters oder eine Prüfung, die noch sooo weit hin ist, zu lernen?"

Sorry für die späte Antwort.

Am Anfang sind alle Leute gleich - Trainingsanfänger und Lernanfänger. Der Pumper hat seinen Körper vor Augen, den er erreichen will.

Der Lernfreak will die Prüfung bestehen und die Klausur bestehen. Der Pumper will seine 100kg Bankdrücken erreichen und braun gebrannt + breit gebaut sein.

Der Lernfreak wird sich bis spät abends in die Bibliothek zurückziehen, Literatur inhalieren und üben, bis er einschläft. Der Pumper wird Pute und Reis fressen und immer und immer wieder bis ans Muskelversagen gehen und neue Trainingspläne aufstellen.

Und eines Tages hat der Lernfreak seine Klausur bestanden und wird sich weiterbilden, höhere Ziele suchen. Der Pumper hat seinen anfänglichen Traumkörper (meistens irgendwas Lächerliches wie Brad Pitt aus FightClub) und wird nicht aufhören, zu pumpen, weil er jetzt noch mehr will.

"Uns" fällt es deshalb ungleich schwerer zu lernen, als zu trainieren, weil wir einen gewissen Standard bezüglich unseres Körpers bereits erreicht haben und aufrecht erhalten. Jeder, der schon einmal gehört hat "hey, Du hast langsam ganz schön Oberarme bekommen" oder irgendetwas in diese Richtung - jeder von uns - hat durch solche Kommentare Zement ins Fundament gegossen bekommen.

Wir haben da noch einen anderen Antrieb. Wir wissen, dass die Leute uns mit Sport assoziieren und dem wollen wir auch entsprechen.
Aber grundsätzlich erkennst Du immer und überall das gleiche Schema: Jemand will etwas, macht etwas, hat Erfolg und leckt Blut. Würden wir Pumper irgendwann durchschlagend Erfolg beim Lernen haben und somit zu unserer intrinsischen Motivation auch noch extrinsische Motivation durch Kommentare wie "woah, Du hast ja scheiße viel gelernt. Geil!" bekommen, würde das anders ausschauen.

Das kannst Du übrigens auf jeden Mist im Leben übertragen. Wenn Dir einer darauf abgeht, dass Du Bauklötze bis zum Himmel stapelst und Dir bei 182 Meter einer sagt "woah geil, ziemlich heftigen Turm hast Du da zusammengestapelt", bist Du stolz und machst weiter.

Du siehst, wir brauchen den Willen/die Motivation, das Wissen, wie es funktioniert und die Bestätigung vom Umfeld.

Wie man einen Pumper zum Lerner macht oder andersrum - wie man diese anfänglichen Schwierigkeiten glattbügeln kann.. das weiß ich leider nicht.

Habe mich mal bei PUA rein gelesen. Sind schon einige interessante Sachen dabei, aber auch ziemlich durch geknallte. Aber nervt das nicht, wenn Du z.B. bei Deiner Freundin immer nachdenkst ob das jetzt psychologisch sinnvoll ist, was Du machst?

Das ist wie im Kraftsport. Irgendwann hörst Du, dass Kniebeugen Dir krasse Oberschenkel bringen und probierst es. Manchmal versagst Du bei der letzten Wiederholung, fliegst in die Notablage oder hast einfach einen Tag, an dem Du das Gewicht schlichtweg nicht bewältigen kannst. Aber so lange Du weiter machst, wirst Du immer ein Stückchen besser werden, irgendwann freust Du Dich dann darauf, zu beugen. Und genau das ist der Punkt, ab dem Du nicht mehr nachdenkst, ob das so sinnvoll ist, dass Du beugst.

Genau so läuft es im PickUp. Irgendwann schnappst Du dieses alpha-characteristics auf - übst ein wenig rum, gerätst in Probleme, fährst Erfolge ein - und zack, auf einmal "lebst" Du diesen "Style". Du denkst nicht mehr nach, warum Du gerade so bist, Du adaptierst an diese Verhaltensweisen. Das ist das simple Prinzip der Gewöhnung.

PickUp ist unter anderem deshalb so verrufen, weil viele Leute sich einen zu heftigen Frame aufbauen, den sie aber nie konstant halten können und immer wieder aus ihrer "Fassade" gekickt werden. Es geht nicht um Fassadenkonstruktion, sondern um Charakterbildung. Wenn Du lange genug drin steckst, wirst Du nicht mehr lange überlegen, was für ein Spruch jetzt angebracht wäre. Du weißt es einfach und denkst nicht mehr drüber nach.

Ich habe seit Version 5.7 vier Mails mit jeweils einem Szenario und der Frage "was hättest Du gemacht?" bekommen, obwohl ich wie geschrieben kein "kompetenter PUA" bin. Aber sämtliche Mails habe ich damit beantwortet, dass die Absender

a) sich zügig für eine Möglichkeit entscheiden und
b) im Nachhinein dazu stehen sollen, selbst, wenn es fehlerhaft war.

Manchmal, ganz selten, kommt bei mir auch noch das "was wäre jetzt alpha" durch, wenn ich mit Frauen rede. Dadurch, dass ich nicht als Überalpha auf die Welt gekommen bin, werde ich das auch nie komplett ablegen. Deshalb - spiel ein wenig damit rum, übertreib es nicht und vergiss nie, auf Dein Herz zu hören. Irgendwann kommt eine Person, bei der Du nicht mehr nachdenken musst, was jetzt psychologisch sinnvoll wäre oder nicht.

Grüße!

„Was bedeutet Freiheit für Dich?"

Ein schlauer Mensch meinte einmal: Frei sein - Mensch sein - bedeutet, wählen zu können. Frei sein bedeutet, sich selbst in jedem Moment die eigene Reaktion auf gegebene Reize aussuchen zu können und vorprogrammierte Reaktionen ändern zu können. Freiheit bedeutet, Leute nicht für etwas zu hassen, was sie haben/können/machen - sondern sich davon inspirieren zu lassen. Freiheit bedeutet, sich seine eigenen Schranken gemäß seiner Umstände selbst zu stecken und nicht andere dafür verantwortlich zu machen, wo die eigenen Grenzen sind.

Freiheit bedeutet, morgens aufzustehen und "yeeeeeeeeeeeeeesssssssss" zu denken statt "fuuuuuuuckkkkkkkkkkk": Freiheit bedeutet, niemals gefangen zu sein. Nicht von der Routine, nicht von Vorurteilen, nicht von Visionen. Wer gefangen ist, gibt das Recht auf Alternativen auf. Der Mensch lebt von Alternativen. Der Mensch lebt davon, wählen zu können.

„Was ist Dir am wichtigsten im Leben?"

Nie wieder Stillstand. Und wenn es Jahre dauert, bis ich etwas erreiche - man hat erst versagt, wenn man endgültig aufgegeben hat. Das Wichtigste ist, von Leuten umgeben zu sein, die einen für die eigene Standfestigkeit lieben. Man braucht Leute um sich rum, die zu einem aufschauen – und solche, zu denen man selbst aufschauen kann. Wer immer nur die Arbeit macht, die er von Gott gegeben problemlos erledigen kann, wird glücklich sein. Wer zusätzlich Arbeit erledigen muss, an der er wachsen kann, wird glücklich und erfolgreich sein.
Wer nie zu seinen eigenen Fehlern steht, wer sich selbst nicht mit Humor attackieren kann, wer ohne Verantwortung leben kann, der ist krank. Nur, wenn man anpassungsfähig ist, wird man leistungsfähig sein. Man wird fähig sein, sich schneller an Menschen zu adaptieren, mit Situationen zurechtzukommen, wissensdurstig zu sein. Man wird neuen Situationen nicht ängstlich, sondern mit "come the fuck at me"-Face gegenüber stehen. Man wird nie wieder stillstehen.

„Wirkt es nur so, oder bist Du echt einer der Leute, die das Glück haben, oft "glücklich" zu sein?"

Ich habe wirklich dieses Glück. Das Witzige ist, dass alle Leute sagen, dass das Glück von alleine kommt. In Wirklichkeit muss man es suchen und ewig vergleichen. Glück ist relativ. Wenn Du einen Teil Deiner Zeit mit Migranten verbringst, die hier in Deutschland eigentlich wenig ihres Potentials nutzen können, aber irgendwann das Strahlen nicht mehr vom Gesicht bekommen, weil jemand an sie glaubt und ihnen Perspektiven gibt. Wenn Ihr nach "Feierabend" zusammen darüber redet, wie happy sie sind, weil einer ihrer Kumpel hier neue Visionen reinbringt, seine Aufenthaltsgenehmigung verlängert wird, weil irgendwer in ihrem Umfeld wieder gesund ist. Wenn das Leute zu Dir sagen, die gerade am 18. Lebensjahr kratzen und Du mit knapp 23 Jahren aus Deinem Auto steigst, oben auf der Dachterrasse im Sonnenuntergang Deinen Lachs isst, den besten Eltern der Welt einen schönen Abend wünscht, auf Deinem Motorrad zur besten Frau der Welt fährst und Dich nebenbei noch darüber freust, dass Deine Kumpels ihren geplanten Tagesablauf mit Bravour hinter sich gebracht haben - und all

das von minimalen Problemen zu überschatten versucht wird - sag mir ernsthaft, wieso ich keinen verdammten Grund haben sollte, glücklich einzuschlafen und glücklich aufzuwachen :)
Meine Oma, Gott habe sie selig, meinte immer "den Rest kriegen wir beim Bügeln".

„Was ist Dein Ziel im Leben? Also Familie oder wie? Oder möglichst muskulös werden?“

Mein Ziel im Leben ist nicht, möglichst viel Geld zu verdienen oder der erfolgreichste Mensch zu werden - weder bzgl. Karriere noch bzgl. Körper. Ich habe eine Denkweise in mir, die ich möglichst vielen Menschen weitergeben möchte. Wenn ich meinen Hauptschulkids helfen kann, gibt mir das mehr als eine 1,0 in der Unipräsentation. Vielleicht ändert sich das in 10 Jahren, wenn ich auf deutlich mehr Geld angewiesen bin.
Stand heute ist mein Ziel, Freunde zu haben/finden/behalten, die Begeisterung für Ihr eigenes Leben haben, die für ihre Leidenschaften stehen, die nie stillstehen. Wenn man sich gegenseitig immer etwas zu erzählen hat und trotzdem in den passenden Momenten die Fresse halten kann, ist man ein guter Freund. Wenn ich noch zusätzlich morgens aufwache und gerne meinem Beruf nachgehe, werde ich keine Minute in meinem Leben "arbeiten".
Das allergrößte Ziel ist jedoch - gesund werden, gesund bleiben. Sowohl ich als auch mein Umfeld.

„Machst Du Dir keine Sorgen darüber, dass Du so viel von Dir im Internet öffentlich preisgibst? Du scheinst ein sehr netter Mensch zu sein, doch nicht jeder ist so nett und könnte sonst was tun, wenn er viel von Dir/Familie weiß.“

Ich lebe eigentlich ein relativ offenes und lockeres Leben und lebe so, dass mir niemand einen Vorwurf daraus machen könnte. Im Moment wirkt das noch relativ offen, ich denke aber, dass das in 5 Jahren absoluter Standard sein wird (wenn man sich allein die Entwicklungen von SchülerVZ/StudiVZ zu FB anschaut). Du wirst im gesamten Internet nirgendwo meine genaue Anschrift finden. Wenn jemand auf Teufel komm raus etwas über mich rausfinden möchte, wird er das auch allein durch meine Emailadresse schaffen. Wenn mir jemand blöd kommt, kriege ich mit ein wenig Aufwand seine Telefonnummer + Anschrift raus. Das ist bei Dir und bei jedem anderen User so und wir können rein gar nichts dagegen tun. Ob das gut oder schlecht ist - das muss jeder für sich selber wissen. Ich habe mich relativ schnell daran gewöhnt und schreibe eben nur Sachen, die mir niemals Probleme bereiten können.

Falls ich doch mal über die Stränge schlagen sollte, bin ich umgeben von Leuten, die mich darauf hinweisen und diese Sachen ggf. editieren. Danke an dieser Stelle an Malakai&Grey ;)

„Hast Du Tipps für faule, antriebslose Kerle wie mich? Ich hänge fast den ganzen Tag nur rum und tu nichts Gescheites. Aus selbigem Grund bin ich auch seit langem Single, weil ich einfach zu faul bin mal rauszugehen und was zu starten. Weißt du wie ich die Scheiße los werde?"

Prokrastination heißt der Shit. Ist bei mir ähnlich.
Normalerweise würde ich jeden Tag verpennen und nur Bullshit fressen, das Leben einfach an mir vorbeiziehen lassen, während ich rumchille und Bullshit im Internet schreibe. Inzwischen hab ich einen guten Kompromiss zwischen Leistung bringen + Abchillen gefunden.
Du brauchst irgendwelche Ziele im Leben, die Du erreichen möchtest. Wenn Du irgendeinen Traum hast, der Dich so begeistert, dass Du Dir den Arsch aufreißen kannst, wirst Du nie wieder freiwillig untätig sein.
Das Problem ist, dass man meistens in einem Schwebezustand aus "würde besser gehen" und "geht eigentlich gar nicht so gut" steckt. Diese Ambivalenz ist unglaublich behindert, weil es einem noch nicht so schlecht geht, dass man wirklich alles tun würde, um es zu ändern.
Deshalb müsstest Du erst mal begreifen, wie scheiße Du mit diesem Verhalten eigentlich bist und wie Du Dein Leben wegwirfst. Wie Du selber Dir das begreiflich machen kannst, kann ich Dir nicht sagen.. folgende Links könnten Dir vielleicht helfen, zumindest kurzzeitig zu "zünden"
Du brauchst auf alle Fälle einen verdammt guten Wecker! Stell Dir den Wecker jeden Morgen auf eine erträgliche Zeit (zwischen 6 und 8 Uhr - fang mit 8 Uhr an und arbeite Dich in 2 Wochen auf 6 Uhr hoch), steh auf und bleib wach! Du darfst gar keine Zeit zum Denken haben. Steh auf, trink ein Glas Wasser, lauf ins Badezimmer und klatsch Dir eiskaltes Wasser ins Gesicht.
Dann gehst Du 5 Minuten raus und läufst um den Block. Wenn Deine Frisur scheiße ausschaut nach dem Aufstehen, zieh eine Cap drüber. Du musst Dich aber bewegen und darfst auf keinen Fall direkt an den PC/Laptop/ans Handy. Wenn Du erst mal morgens wach bist, hast Du viel mehr Zeit zum Leben.
Wie gesagt: Erste Priorität hat erst mal, dass Du realisierst, wie beschissen Du Dein Leben lebst. Das ist die Basis, um etwas zu ändern.

Wie werd ich meine Schüchternheit los? Und jetzt bitte nicht die Standardantwort: "Geh raus und red mit Leuten."

Such Dir Leute, die Deiner Meinung nach "unter Dir" stehen - Menschen, die sozial schwächer sind als Du, ängstlicher sind als Du, Leute, die Du nicht beeindrucken möchtest, bei denen Du nichts zu verlieren hast, keine Angst vor Reaktionen hast. Ältere Leute, Obdachlose. 2 Monate lang am Wochenende Essen ausgeben im Obdachlosenheim hilft Dir bei sowas enorm, dafür wirst Du aber wohl zu faul sein.
Einen besseren Tipp wirst Du nicht bekommen, nimm ihn an oder bleib Dein Leben lang schüchtern ;)

„Bro, am Montag beginnt wieder Schule, hast Du ein paar Tipps, um erfolgreich die Schule zu überstehen?"

Ja, aber ich weiß nicht, ob Du die hören willst.
Schule an sich ist nicht stressig und wenn man die Anwesenheit in der Schule wirklich nutzt, muss man in der Freizeit fast nichts machen - sofern man Folgendes macht:
- aufpassen!
- mitschreiben!
- sich das Zeug nach der Schule nochmal durchlesen
- am Wochenende eine Stunde lang die Sachen üben.
Fertig - mehr musst Du nicht machen. Wenn Du im Unterricht nur Scheiße baust (so wie ich) und keinen Plan hast, welchen Stoff Ihr eigentlich gerade behandelt, wirst Du in der Freizeit unglaublich viel lernen müssen, um halbwegs erfolgreich zu sein.

„Ihre Meinung zur Todesstrafe?"

Ich hab da schon vor 3 Jahren (erstaunlich, wie die Zeit vergeht) bei meinen Motorradfahrern was dazu geschrieben und fasse einfach kurz die Argumente von damals zusammen:
BTW: Argumente gegen die Todesstrafe:
"Eines der wichtigsten: Das Leben ist vorbei - das versteht wahrscheinlich niemand, der im Bonzenviertel, in dem nie etwas passiert, lebt - und das ist einfach Exitus - weg - vorbei - Game Over. Das ist in unseren Kreisen vielleicht nicht verständlich, weil sich jeder (!) Motorradfahrer vor jeder (!) Fahrt den Tod vor Augen halten sollte ... Das geht schneller, als man denkt. Einmal nachts aufgedreht, zack, Auto im Weg, zack, tot. "
"Es wird ein Leben ausgelöscht, für immer.
Diese Maßnahme sollte nur angewendet werden, wenn ein Täter es zugibt - selbst wenn er es zugibt, kann es sogar noch sein, dass er das zugibt, um ein anderes Leben zu retten (Ich würde zum Beispiel für meinen Bruder sterben ohne nachzudenken - wahrscheinlich auch für Ali&Co). Man weiß nie, was der Gegenüber denkt, wenn er eine Straftat

zugibt. Auch ich habe so manche Tat zugegeben, die ich nicht getan habe, damit Freunden von mir nichts geschieht. Aber es gibt kriminelle Vereinigungen, von denen 99,5% der User hier nur träumen können - das ist auch gut so by the way - in denen man entweder selber des Gerichtsurteils wegen sterben würde oder die Familie würde ausgelöscht werden.

Die Todesstrafe war, ist und bleibt sinnlos. Ein Vorgang, der nicht umkehrbar ist, stürzt entweder die gesamte Welt in eine Krise (Weltwirtschaftskrise... viele gleichartige Vorgänge, die nicht überlegt wurden - anbei der Buchtipp: Dietrich Dörner - Die Logik des Misslingens (Strategisches Denken in komplexen Situationen) oder einzelne Menschen (Familienvater, zu Unrecht verurteilt, weil seine Zigarettenstummel am Tatort aufgefunden wurden) ins Unheil. Und Gott spielen will und kann niemand. Wollen vielleicht schon, können niemand.

Und zum Thema Gefängnis in Deutschland muss ich nicht viel sagen, denke ich. Jeder der User, der hier schon mal eine JVA von innen (und damit meine ich keine "Gefängnisführung" oder "Kellerverliesführung") gesehen hat, weiß, dass man dort kein Jahr+ aushalten möchte."

"Zu Leben ist das höchste Gut - ich habe Freunde, die haben mit 19 Lymphknotenkrebs diagnostiziert bekommen und die leben immer noch und haben Spaß am Leben. Ich glaube, manche Leute verstehen noch nicht ganz, was das Leben per se wert ist. Jeder, der schon einmal einen Pfeiler der Leitplanke geküsst hat, wird verstehen, was ich meine."

Somit sollte eigentlich für jeden selbstverständlich sein, dass ich komplett gegen die Todesstrafe bin. Einfach wegen der nicht gegebenen Umkehrbarkeit / Wiedergutmachung.

„Pragmatismus vs. Prinzipientreue. Bleibe ich meinen Prinzipien treu oder passe ich mich gesellschaftlichen Normen an, um nicht aufzufallen oder sozial akzeptiert zu werden? Wie wichtig ist das für Dich?"

Ich stehe komplett auf Hardliner. Sowohl, was Frauen angeht als auch auf meinen Freundeskreis bezogen. Es gibt für mich wenig Schöneres, als Leute um mich zu haben, die sich durch ihre Überzeugung gegen den Strom richten. Wenn Du eine Hand voller Leute dieser Art konstant um Dich hast, weißt Du, dass Du absolut kompatibel und loyal bist. Ich habe tiefsten Respekt vor diesen Leuten (wenn Ihr das lest: Ich liebe Euch dafür!). Du kannst Prinzipientreue auf das Minimum absenken oder auf das Maximum anheben, es geht im Grunde genommen darum, dass man sich eine Maxime erschafft und dafür Opfer bringt, die der Bevölkerungsstandard nicht gewohnt ist. Ob das jetzt in der Pünktlichkeit, die mit einem Blitzerfoto bestraft wird oder im nachgeholte Abi mit den hunderten von "ich kann heute Abend nicht mit Euch feiern gehen, ich muss lernen" realisiert wird - ich liebe Leute, die Ziele verfolgen und dafür soziale Risiken eingehen. Und wenn jemand zu mir kommt und sagt "pass auf, Argumente A) / B) / C), deshalb geht das jetzt und die nächsten 1-96 Wochen nicht", dann bin ich der erste, der hinter ihm steht und sagt "ja man, wenn Du Unterstützung/einen Ort zum Runterkommen/Hilfe/Ruhe/Reallife brauchst, melde dich! Aber zieh Dein Ding durch und scheiß auf alle Leute, die was dagegen sagen" - Insofern ganz klar Prinzipientreue, sofern sie richtig angewendet wird. Ich persönlich kriege das nicht so perfekt hin und hole mir gerne bei ausgesuchten Leuten Feedback. Das ist weit gestreut, über mein soziales Verhalten bis hin zur Frisur. Wenn es Dich interessiert, schau Dir das Joradi-Fenster an. Dem liegt zu Grunde, dass es immer ein Quartal gibt, das man sich nicht selbst erschließen kann. Deshalb empfehle ich Nicht-Hardlinern immer meine Methode. Eine andere Meinung einholen, damit selbstbewusst umgehen und sich zu 75% ändern. Die restlichen 25% brauchst Du, um am Widerstand zu wachsen ;)

„Hi Anis..hab neulich erfahren, dass meine Ex, die mit mir Schluss gemacht hat, einen neuen Freund hat. Haben aber nach der Beziehung noch Kontakt gehalten und sie schreibt mir immer noch ganz normal SMS, als ob nichts wär. Ich weiß dass das hier nicht Planet Liebe ist aber fühle mich so down. Hast Du einen Rat?"

Einen Rat nicht wirklich, leider. Vielleicht hilft es Dir, wenn Du verstehst, warum Du eigentlich down bist?
Das Problem ist eigentlich nicht, dass Du sie nicht mehr haben kannst. Sonst wäre das jetzt kein Auslöser gewesen, sondern Du wärst schon vorher ziemlich weit unten gewesen.
Überleg Dir mal, was genau das Problem ist. Dadurch, dass jetzt jemand scheinbar "Deinen Platz" eingenommen hat, kommt es Dir so vor, als könnte man Dich ersetzen. Das Ganze kann man runter kochen auf Dein Selbstwertgefühl, auf diese Sache bezogen. Das ist einerseits bisschen blöd, weil man daran schwer arbeiten kann - andererseits ist es cool, weil Du damit irgendwie unabhängig von Deiner Exfreundin wirst, wenn Du es erst mal gecheckt hast.
Du denkst gerade, dass Du einfach ersetzbar bist und dass da jemand rumläuft, der besser für sie ist als Du. Sonst wäre sie nicht mit ihm, sondern mit Dir zusammen. Ziemlich einfache Geschichte, darauf kommt man selbst aber selten, wenn man im Trauernebel ist.
Daher der Rat: Ziemlich allgemeingehalten, weil sehr viele Probleme auf das Selbstwertgefühl zurückzuführen sind.
a) Paar mal heulen und Ende. Dauernd depri sein bringt sie nicht zurück und Dich nicht wieder auf die Spur.

b) http://i.imgur.com/I0DQG.jpg
c) Erinner Dich, wieso Du cool bist. Wenn Du erst wieder auf dem Trichter bist, dass Du eigentlich der Boss auf der Welt bist, ist das alles zwar nicht vergessen - aber die Hoffnung ist in deutlich nähere Sphären gerückt.
Kopf hoch, Bro.
Lass Dich nicht unterkriegen, von nichts und niemandem. Dafür ist das Leben zu kurz, zu schade und zu facettenreich - wenn etwas nicht passt, tausch es aus ;)

<u>5.3 Unspezifisches</u>

Jetzt, da hier alles so weihnachtlich wird, möchte ich es Euch doch erzählen, damit wir nicht vergessen, "wie gut es uns eigentlich geht". Das werden jetzt wieder die typischen Andi-Gedankengänge. Völlig konfus, kontextlos und rational gesehen völlig wertlos. Wer damit nichts anfangen kann, der sollte an der Stelle vielleicht aufhören, zu lesen.

Es geht um einen jungen Mann bei mir aus dem Studio, den ich jetzt wohl seit einem halben Jahr regelmäßig im Training sehe, er läuft mir auch selten mal in einer Disco unter der Woche über den Weg. Er ist schwer zu beschreiben. Etwas größer als ich, normale Statur (Trainingsanfänger), nicht sehr hässlich, nicht sehr hübsch, sehr freundlich, wirkt diszipliniert und verbissen.
Oft und gerne redet er mit mir übers Training, wenn wir uns sehen. Ich habe allerdings selten Lust/Zeit, weil ich entweder mit den Leuten von mir, die ich eh selten sehe, unterwegs bin oder eben in meinem Trainingsmodus bin. Finde ich so "von außen gesehen" sehr schade, weil ich wohl ein kleines Vorbild für ihn bin und er mich ja nicht nerven möchte, sondern einfach Tipps hören möchte. Hören möchte, ob das alles richtig ist, was er so tagein, tagaus zusammentrainiert und isst.

Anfang September habe ich ihm den WKM-Plan empfohlen, weil er einen völlig schwachsinnigen 3er..oder sogar 4er Split hatte, mit dem er wohl genauso erfolgreich geworden wäre, wie ich damals mit dem 4er. Gar nicht nämlich. Er hat dann gleich auf Andro rumgefragt, was das denn genau ist und wie der Plan ausschaut.
Ob er irgendwas ändern müsse außen rum, ob das denn hinhaut, nur mit Kniebeugen. Dann hat er begonnen, diesen Plan auszuführen und macht ihn heute noch, teilweise erfolgreich, teilweise nicht so erfolgreich - aber es macht ihm wohl Spaß und er ist bei der Sache, auch wenn er kurzzeitig überlegt hat, Übungen rauszuschmeißen, weil er sich nicht an die vorgeschriebenen Steigerungen alle 2 Wochen halten kann.

Wenn ich das aus seinen Erzählungen richtig raus gefiltert habe, ist er nicht sehr vermögend. Er arbeitet täglich 2 Schichten in der Gastro und kann deshalb nur abends/nachts nach der Arbeit ins McFit gehen. Das war auch der Grund, warum er meinen Vorschlag, sich mal in einem Gewichtheberverein die richtigen Ausführungen zeigen zu lassen, ablehnen musste - "ich würde es nie im Leben zu irgendwelchen festen Trainingszeiten schaffen...".
Er wollte auch von seiner jetzigen "Bodybuilding"-Orientierung richtung Kraftsport/Powerlifting gehen, weil er sich nicht die auf Andro

(Kraftsportforum) propagierten alle 3 Stunden Essen zuführen kann. "Ich arbeite mit meiner Chefin alleine und kann da keine Pausen machen, um zu essen..".

Nun ja, das sind so die Momente, da denke ich mal kurz über meinen Tagesablauf nach und darüber, dass ich eigentlich nicht verpflichtet bin, irgendwas so schnell durchzuarbeiten, dass ich nicht zum Essen komme. Da habe ich also zum ersten Mal etwas nachdenklich geschaut..

Jetzt hat er auf Andro geschrieben, dass er aus unserem Studio raus möchte - ich habe ihn gefragt, warum und dann kam diese Begründung: „is zu weit weg von der Arbeit, fahr über eine halb stunde hin und bin froh wenn ich noch den letzten Bus schaff. Wenn nicht dann muss ich eine Stunde heimlaufen"

Ich saß vor eineinhalb Stunden vor meinem Computer und habe zum zweiten Mal wegen ihm etwas .. naja, andersrum gedacht. Eine halbe Stunde mit dem Bus hinfahren. Das alles zusammen ist erzwungenermaßen mehr Ghetto, als ich jemals vorgebe, zu sein und das ist nicht gut.
Den Bus zu verpassen und dann eine Stunde heimlaufen müssen, und das regelmäßig zu machen, ist dann doch die Krönung. Es trotzdem zu riskieren, zeugt von ner guten Portion an Willen. Wie gut geht es uns eigentlich?

Dann kam anderweitig der Tipp eines Users, er solle sich für bessere Steigerungsmöglichkeiten kleinere Gewichtscheiben kaufen. Ein zweistelliger Betrag.
„Heute wäre Bankdrücken wieder an der Reihe, und vor Neujahr hab ich kein Geld mehr, die Scheiben zu bestellen. Soll ich lieber mit dem Gewicht das ich nicht ganz schaff, oder der Gewichtsstufe darunter trainieren? „

Ohman. Da hat es ausgesetzt bei mir. Wir haben 2 Wochen vor Weihnachten und vor meinen Augen zieht jemand eiskalt sein Ding durch, der es so viel schwerer im Leben hat als ich.

Fassen wir es doch mal zusammen, hier versucht einer, gut im Sport zu werden, der nicht mal ansatzweise meine Mittel hat und ich nehm mir nicht mal eine halbe Stunde Zeit, mit ihm darüber zu reden. Ihn davon zu überzeugen, dass die Leidenschaft einen stark macht und keine Anabol/Katabol-Diskussionen, keine Aminosäurebilanzen, keine Wertigkeit, keine GIs, sondern die Konstanz. 2 Wochen vor Weihnachten, in meinem Schrank stehen 6 Kilogramm Protein.

Ich gehe einkaufen und muss mir nicht überlegen, wie viele Packungen Quark/Haferflocken die Woche reichen müssen, ich mach meine 10 Einheiten pro Woche, lerne ein bisschen, gebe zwar keine Unmengen an Geld nebenbei aus, aber habe immer noch zu viel. Und dann kommt da jemand daher, der unter Bedingungen lebt, unter denen ich nach ner Woche heulen würde. Und er lebt nicht nur so, er kommt damit auch noch klar und findet wahrscheinlich sogar noch den Spaß am Leben.

Das, liebe Jungs und Mädels, sind die Momente, in denen ich mich trotz bisschen dicker Oberarme, langer Kampfsporterfahrung, der besten Freunde und Eltern auf der Welt ganz, ganz klein, schwach und hilflos vorkomme.

„Kann man glücklich sein, wenn der Beruf einem nicht 100% Erfüllung gibt?"

Meiner Meinung nach - wie Du vermutlich aus dem Buch weißt - ist "glücklich sein" definiert über das konstante Streben nach Erfüllung und Bewältigung von Herausforderungen im Leben. Wenn Du nicht Deinen Beruf darauf ausrichtest, sondern "nur" Deine Freizeit, heißt das nicht, dass Du weniger erfüllt sein musst. Vielleicht kannst Du in Deiner Freizeit Erfüllung genug finden und noch dazu mit dem erwirtschafteten Geld ein paar Bonuspunkte für Dein Leben schießen. Es kommt nur darauf an, wie gut oder schlecht Du Dich bei der Arbeit fühlst. Wenn Du das machst und denkst "okay fuck, ich kann mich hier nicht weiterentwickeln" / "ich will das einfach nicht mehr machen" / "ich komme damit nicht klar" oder auch "das ist mir im Moment einfach zu hoch", dann wäre das kein Fundament, auf dem ich meine Zukunft errichten würde. Wenn Du allerdings ab und zu happy bist, nicht zu oft morgens lieber liegen bleiben möchtest und sich die Nutzen/Aufwandrechnung für Dich auszahlt, bleib dabei. Erst mal. Du bist noch jung und heutzutage gibt es viele Leute, die erst mit 30 wissen, was sie wirklich wollen. Und ein paar wissen es selbst dann noch nicht.

Abgesehen davon ist es - denke ich - utopisch, an das ewige, konstante und omnipräsente Glück zu glauben. Schon alleine deshalb, weil man den Glückszustand dann nie so wertschätzen könnte wie nach einer Phase, in der nicht alles wie aus Gold und Diamanten konstruiert wirkt. Das ist für mich einer der Hauptgründe, nicht sofort alles hinzuschmeißen und komplett meiner "Passion", meiner Leidenschaft nachzugehen.

Um das abzukürzen - ja, ich glaube, man kann glücklich werden, wenn der Beruf einen nicht ausfüllt, aber man die Freizeit richtig nutzt. Allerdings muss man dann die Gewichtung des "Berufs" präzise definieren und sich überlegen, wie viel Anteil selbiger zum potentiellen Glücklich sein beitragen könnte.

„Mein Kampfsportsystem ist besser als Dein Verteidigungssystem“

"Ich habe schon so viel im Sport gesehen und überall ist dieses "ich bin der beste, der geilste, der tollste", der ganze Hass und Neid auf andere Arten, Systeme, Gruppierungen. Das sieht man schon hier im Forum, wie sich die K3Kler mit den BBlern anlegen, die Massestiere mit den Ästhetikmenschen, die Bankdrücker die Kniebeuger gelegentlich anmaulen und es ist im Kampfsport nicht anders. Wieso muss man immer versuchen, den anderen davon zu überzeugen, dass das eigene das Beste ist? Wieso kann man nicht einfach mal sagen "ok, ich finde BJJ besser und möchte irgendwann über 100kg auf 180cm wiegen - vielleicht gehst Du in KM besser auf und fühlst Dich mit 85kg auf 180cm einfach wohler, hoffentlich erreichen wir beide unsere jeweiligen Ziele, bleiben halbwegs gesund bei der Sache und vergessen nie, was uns dieser Sport geschenkt hat."?

Ich kann es inzwischen einfach nicht mehr lesen. Nur weil ich eine Nischensportart mache und nicht auf Biegen und Brechen größer, stärker, breiter werden will, darf ich mir dauernd anhören, dass MMA/BJJ besser sind als KM, dass ich jetzt mal 2 Jahre durchfressen soll, dass sowieso überall viel mehr gegangen wäre. Aber niemand denkt daran, dass ich in diesen inzwischen 6-7 Trainingsjahren vielleicht einfach den Spaß am Experimentieren gefunden habe, die Abwechslung liebe, vielleicht einfach nicht immer mit dem Strom schwimmen möchte. Dass ich in manchen Bereichen das gefunden habe, was für mich selbst am effektivsten ist - und, wenn es nicht am effektivsten ist, dann das, was mir am meisten Spaß macht. Ich sehe so unglaublich viele Leute kommen und gehen. Im McFit zu jeder Tageszeit, in allen Kampfsportarten und Künsten und auf dem Sandplatz. Und dann sehe ich, dass ich immer noch am Ball bin, auch wenn es ich in jedem verdammten Gebiet so weit weg vom Möglichen bin. Jeder, der meine Entwicklung ein bisschen verfolgt hat, wird wissen, dass jeder Faktor besser sein könnte bei mir - Kraft, Ausdauer, SV/KS-Skills. Auch in der Gesamtheit. Aber ich habe in diesen 6-7 Jahren einfach gelebt. Das alles war nie der Sinn meines Lebens, aber das Gesamtpaket hat mir andauernd geholfen, den Sinn meines Lebens aufrecht zu erhalten.

Der ganze Sport mit allen Bereichen ist viel zu schön, als dass es gerechtfertigt wäre, dass wir uns dauernd gegenseitig die Köpfe einschlagen, uns als Fitnessschwuchteln oder Fettsäcke bezeichnen, irgendwelche Trainingsdaten diskutieren oder Stoffkonsum unterstellen.

Ich glaube, dass diese ganze Forensache nicht nur (!) komplette Zeitverschwendung ist, sondern durchaus seine - nicht zu unterschätzenden - Vorteile hat.

Man muss auch anerkennen, dass man hier tagtäglich, wenn auch in abgeschwächter Form, soziale Kontakte mit Dutzenden von Leuten knüpft und auch hier durchaus Emotionen ins Spiel kommen - nachdem das hier ein BB-Forum ist, auch durchaus heftigere Emotionen als im Reallife-Alltag. Und nachdem man sich hier mit der Zeit immer vertrauter wird, kommen nochmal ein paar mehr Sachen durch, denen man nicht tagtäglich begegnet, sondern sie nur im Privaten teilt.

Es klingt vermutlich ein wenig lächerlich - aber einem Großteil der Ruhe, die ich im richtigen Leben habe, im Beruf, in der Uni, bei meinen Freunden und bei meiner Freundin, liegt wohl der Tatsache zu Grunde, dass ich seit vielen Jahren nebenbei durch das Internet geistere und inzwischen mit hunderten von Leuten Kontakt hatte. Ich habe in Foren wirklich Menschen unterschiedlichster sozialer Herkunft und Umgebung kennengelernt und teilweise viele Nächte lang mit ihnen geschrieben. Und all das hat inzwischen zu dem beigetragen, was ich geworden bin. Und - bei aller Bescheidenheit - ich möchte vermerken, dass es in diesem Alter schon durchaus missratenere Gestalten gibt als mich.

Nicht zu vergessen sind die Reallife-Treffen, die mir viel gebracht haben. Unter anderem wirkliche Freunde, auf die ich mich jederzeit verlassen kann. An oberster Stelle wäre hier Barrow zu nennen. Dann gibt es aber auch noch Personen, die ich nicht kenne, aber bei denen ein "Meeting" relativ sicher geplant ist, wie Tobej oder andere Pushercrew'ler. Und das Schöne ist, dass man sich nach 5 Minuten "beschnuppern" fühlt, als würde man sich sein Leben lang kennen. Einfach, weil all das Gerede hinter der Anonymität dem Treffen vorgeschaltet ist und man so viel weiß, bevor man sich das erste Mal sieht.

Ich wurde einige Male komisch angeschaut, als ich auf die Antwort "woher kennst Du den und den?" mit "aus dem Internet, wir haben uns in einem Kampfsport- ... Motorrad- ... Kraftsportforum kennengelernt und uns einfach mal auf blöd gepeilt" geantwortet habe. Aber inzwischen sind viele dieser Leute keine Internetfreunde mehr, sondern wirkliche Freunde, die mir in vielen Dingen geholfen haben und denen ich auch gelegentlich helfen konnte. Zum Beispiel wurde mir damals in meiner Schulzeit viel in Mathe geholfen, ohne die Tipps für die richtige Motorradausrüstung hätte ich den Takedown des Autobahnpfeilers nicht überstanden. Andererseits musste ich auch viele Stunden opfern, einigen Leuten in sozialen Dingen zu helfen. Viele kommen und viele gehen. Aber ich bereue keine Sekunde der Zeit, die ich hier und in anderen Foren verbracht habe.

Ganz einfach deshalb, weil ich weiß, dass ich kein Reallifespasti bin.

Die Kunst besteht darin, die beiden Welten Internet und Reallife zusammenzuführen. Sowohl chronometrisch als auch haptisch. Irgendwann kommt der Punkt, an dem sich aus einer Internetfreundschaft eine Reallifefreundschaft entwickelt und das geht bei mir dank meiner Offenheit und Ehrlichkeit in diesen Foren mit verschwindend geringer Wahrscheinlichkeit schief.

Und, um den Bogen zu bekommen: Ich bin mir sicher, dass ein Großteil der Androuser wissen würde, wer gemeint ist, wenn man ihn auf der Straße nach dem "Klopfer auf Andro" fragt. Und ein paar werden genervt sein. Aber dennoch versuche ich, hier so zu sein, wie im echten Leben. So viel Freude und Lachen wie möglich zu verbinden, das Ganze mit Vertrauen und Interesse zu verbinden und am Ende noch eine Prise Humor dazuzupfeffern. Und das ganze spiegelt sich eigentlich in all den Leuten hier im Thread wider, die ja niemand angelockt hat, die einfach gekommen sind, weil sie sich hier in unserer Umgebung wohlgefühlt haben.

Und wenn im echten Leben Leute von Deinem Lachen angezogen werden und nie wieder weggehen, hast Du vermutlich vieles richtig gemacht.

„Was mache ich jetzt nach dem Abitur?"

Du musst wissen, als ich aus dem Gym rauskam hatte ich ein 3,4er Abi, viele Freunde mit vielen Vorstrafen, schnellen Autos und vielen Drogen - aber auch viel Vertrauen.. und ich hatte viele Freunde, die gut 20 Jahre älter waren als ich und mich beraten haben. Ich hatte lange den Plan, in den Securitysektor zu gehen, habe angefangen, Kampfsport intensiver zu betreiben, weil ich das Badboyimage geliebt habe, bis irgendwann jemand kam.. - https://www.facebook.com/mxxxx der da, um genau zu sein - und mir gesagt hat "Andi, Security ist nichts für Dich. Du bist zu schlau, um Dir den Kopf wegballern zu lassen" und dann war ich am Arsch.

Also musste ich was studieren und hab gesehen.. "okay Energietechnik Einstiegsgehalt nach dem Studium 45k kein NC mach ich ..die vermutlich schlechteste Entscheidung meines Lebens.. meine Eltern sind beide hochbegabt und haben relativ gute Arbeitsplätze.. haben früher in Amerika gelebt, meine Mutter war xxxxxxxxxxx und mein Vater ist xxxxxx deshalb hatte ich an mich selber einen gewissen Erwartungsdruck und habe über all diese Gedanken.. an das Geld, an Karriere, an schnelle Autos, an große Häuser, an Penthousewohnungen.. mein Herz vergessen. Ich habe schlichtweg nicht auf mein Herz gehört, ich habe gedacht "okay Andi, du bist der faulste Mensch der Welt, aber wenn du dich hinsetzt, kriegst du das hin" - und es stimmt, wenn ich mich hinsetze und lerne, schaffe ich das.. aber Du kannst dir nicht ausmalen, was es für ein Kampf ist, dich 6 Semester dazu zu zwingen, etwas zu lernen, was dich nicht interessiert.. ich habe viel zu spät gemerkt, dass meine Passion darin liegt, benachteiligten Menschen ein besseres Leben zu ermöglichen und seit dem Moment, an dem ich das gemerkt habe, habe ich meinen kleinen Traum von einem Auffangzentrum für solche Jugendliche ..all das wird dir jetzt vermutlich wenig helfen und Dich vielleicht nicht interessieren.. aber was ich Dir damit sagen will - wenn Dich etwas interessiert und du mit Herz bei der Sache bist, dann schaffst Du so viel, dass Du vor Dir selber erschrecken wirst.

Also hör auf Dein Herz, überleg Dir, was Dich interessiert und wie viel Geld Du wirklich brauchst im Leben. Und wenn Du ganz sicher gehen willst http://www.was-studiere-ich.de - viel Spaß.
Ich würde auch gerne Menschen helfen. Vielen Menschen. Allen Menschen, die es verdient haben. Aber das geht nicht, und als Psychologe schon gar nicht.. das ist nur meine bescheidene Meinung und da gibt es hundert prozentig Gegenentwürfe dazu, aber ich würde nur Psychologe werden, wenn ich wüsste, dass das meine absolute Berufung ist und ich wirklich jedem scheiß Menschen helfen könnte, mit 1,0 jede Prüfung bestehen würde und dann jeden rein bitten und nach 3 Stunden geheilt entlassen könnte.. das haut aber - bei mir zumindest - nicht hin und außerdem färbt das vermutlich ziemlich ab. Ich hätte viele Möglichkeiten gehabt, Praktika in eine psychiatrischen zu machen.. wollte ich nie. Ich weiß, dass ich Menschen helfen kann - aber ich helfe Menschen am ehesten darin, dass ich ihnen solche Perspektiven ermögliche, dass sie nie im Leben zum Psychodoc müssen. Ich will, dass Leute, an die niemand geglaubt haben, das FUCK YEAH-Gefühl kriegen, dass sie aus dem Nichts aufsteigen, lernen, um ihr Leben zu kämpfen, sich motivieren. All das könnte ich als Psychologe nicht. Da kriegst du jemanden mit Schaden, musst ihn heilen - nicht meine Welt. Vielleicht ist das was für Dich - aber Meins nicht.

Wie ich das alles vorhabe, weiß ich nicht. Alles, was ich weiß ist, dass Du irgendwas machen musst, was Dich weiterbringt. Du wirst nie wieder so jung sein wie jetzt - nie wieder so viele Möglichkeiten haben. Nutz alles aus, was geht: Freundschaften, Leute kennenlernen, Ausland, weiterbilden, solange Du nicht stehenbleibst, wirst Du nie verlieren bei der Geschichte. Es kann durchaus sein, dass Du irgendwann einem Arbeitgeber erklären musst, wie Deine Meinung dazu ist, wenn Du ihm die Sache mit dem Stillstand und der Vermeidung des selbigen so erklärst und er Dich deshalb nicht nimmt. Willst Du da wirklich arbeiten? Weil Du ein Jahr lang kein verschissenes, langweiliges! (keine vielen interessanteren) Praktikum gemacht hast? Das ist wieder die Sache mit dem Herz... Deine Ansichten werden sich in den nächsten 4-5 Jahren vielleicht noch ändern. Deshalb musst Du auch jetzt nichts Endgültiges machen.

In meinem Studium waren auch Leute, die anfangs 23-27 Jahre alt waren, weil sie entschieden haben, jetzt Energietechnik zu studieren. Es kommt nicht drauf an, was Du machst - es kommt darauf an, wie Du es machst und wie Du die Entscheidung mit Dir selber vereinbaren kannst - und wie Du sie später anderen Leuten gegenüber rechtfertigen kannst. Sehr schön. Dann such Dir morgen nach dem Aufstehen was für 3 Monate Neuseeland oder Argentinien raus, 3 Monate sind keine Zeit... gar keine Zeit... Während Du weg bist, steht hier alles still. Wenn Du woanders bist, wirst Du Dich entwickeln, als wärst Du 2 Jahre weg. Hau ab, ich schwöre es Dir, von mir sind so viele weg und ich konnte es einfach nicht wegen meiner Krankheit - und jeder, der wieder zurückgekommen ist, war mir lange überlegen, bis ich mich an sein "neu erworbenes" Wissen gewöhnt habe. Hau ab! Nimm die Sachen, die Du brauchst und verpiss Dich! Lass alles zurück, schau, ob Du in der Lage bist, neu anzufangen. Was glaubst Du, was das für ein Gefühl ist, wenn Du wieder zurückkommst und merkst, was Du alles erlebt hast, was Du erfahren hast, während alle Leute, die hier geblieben sind, einfach still stehengeblieben sind.. "good morning lemmings"

Wir dürfen nicht vergessen, dass Foren wie Andro "nur" eine Parallelgesellschaft darstellen, in der wir meistens auch nur die guten Seiten sehen und deshalb gerne dort hin flüchten, auch wenn es im Reallife eigentlich keinen Fluchtgrund gibt.

Ich habe die letzten beiden Wochen oft nachgedacht, was mir Foren wie dieses eigentlich geben und bin zu dem Entschluss gekommen, dass ich hier nicht so viel Zeit verbringen würde, wäre da nicht dieser

"Wohlfühlfaktor" gegeben - dieser Wohlfühlfaktor, bestehend aus bekannten Gesichtern, Anerkennung, Hemmungslosigkeit bzgl. einiger Themen, "Internetfreundschaft", das gegenseitige Hochpushen und Feiern, der Musikaustausch - und nicht zuletzt das Reden über Muskeln, Übungen, all das, was ich mit wenigen meiner Freunde im echten Leben kann. Vielleicht habe ich über all dies hinaus vergessen, dass ich im echten Leben Pflichten habe. Ich habe sie nicht zwingend vernachlässigt, aber ich hätte ihnen um einiges dringlicher nachkommen können.

Es ist schade, dass es hier keinen Onlinetimer gibt. Ich bin mir sicher, dass meiner auf über 10 Stunden Onlinezeit/Woche kommt, was verhältnismäßig viel ist. Zumindest für mich. Es gibt Wochen, in denen ich meine richtigen Freunde keine 10 Stunden pro Woche sehe, es gibt aber wenige Wochen, in denen ich weniger als 10 Stunden pro Woche in so einem Forum bin. Da läuft - meiner Weltansicht zufolge - etwas falsch.

Ich möchte hier nicht für immer weg und werde auch nicht weggehen, aber ich muss den Focus eindeutig auf meine Ziele im richtigen Leben legen. Auf Studium, meine ehrenamtliche Arbeit, auf meine Freunde, auf meine Freundin(nen), meine Familie und mein Training. Wenn ich dann hier reinkomme, und mich noch wohl fühle, läuft alles super. Aber wenn ich meinen Focus auf solche Foren lege und dann "zu meinem restlichen Leben RAUSgehe", läuft alles schief. Und ich bin sehr froh, dass ich das noch rechtzeitig erkannt habe.

Ich bin mir sehr sicher, dass ich nicht der einzige User hier im Forum bin, den diese "Sucht" unbewusst im Griff hat. Vielleicht sollten wir uns zum Abschluss alle mal Gedanken darüber machen, wie wir unser Leben stand jetzt gestalten und ob das so gewinnbringend ist für die Ziele, die wir uns vielleicht gestern gemacht haben, die uns aber vielleicht auch schon jahrelang im Hinterkopf rumschwirren. Ob wir nicht vielleicht dieses intensive Geschreibe ein bisschen zurückstufen. Ich glaube, wir können das um einiges reduzieren, ohne unsere "interforische" Freundschaft darunter leiden zu lassen.

Klar, man wird nicht mehr alles mitkriegen, nicht jeden Androinsider, nicht mehr jede Schwirbeldrüsenaktion. Aber wir können da draußen so viel erreichen und uns werden im Leben genug Steine in den Weg gelegt - machen wir uns die Zukunft doch nicht selber schwer, indem wir zu viel (!) Zeit sinnlos verplempern.

Ich habe durchaus auch Freunde, die in diese Sparte rutschen, die hier in der Dokumentation so stark kritisiert wird - ich selber bin auch kein unbeschriebenes Blatt, was dieses Ghettogehabe angeht. Allerdings auf einem komplett anderen Level und Niveau als das attackierte.

"Nebenberuflich" bin ich relativ aktiv in die Jugendarbeit hier in Nürnberg verwickelt und dabei, das ein oder andere kleine Projekt aufzubauen - step by step, aber auf lange Sicht könnten schöne Ergebnisse rauskommen. Ich treffe jetzt mal meine Einschätzung zu dieser Ghettosituation in Nürnberg - und weise gleichzeitig daraufhin, dass das allein meine Ansicht ist, ich kriege keineswegs alles mit und werde den Teufel tun und hier irgendwelche Prozentangaben raushauen. Alles, was jetzt folgt, sind Momentaufnahmen und/oder langfristige Erfahrungen, die ich jetzt im Laufe meines Lebens an meinem Wohnort (direkt vor so einem Problemgebiet/Migrantenviertel) und die letzten Jahre in der Arbeit an Haupt- und Realschulen gemacht habe. Ich spare mir, in jedem Satz "das ist meine Meinung" dazuzuschreiben.

Es ist - wie schon geschrieben - anfangs eine sehr gute Dokumentation, die allerdings, wenn ich länger darüber nachdenke, von einem deutlichen Hass auf diese Gruppen (Migranten) geprägt zu sein scheint. Die Triebfeder ist somit recht unseriös, was es mir nicht leicht macht, das alles als gegeben hinzunehmen. Was mir nicht passt, sind die Schubladisierungen, die pure Konzentration auf Immigranten und die - scheinbare - Annahme, dass jeder Mensch von Geburt an sofort zielstrebig weiß, dass er alles erreichen kann. Ich werde das Ganze jetzt mal in Absätze aufteilen, damit Ihr nur das lesen müsst, was Euch interessiert.

----

1. Jeder hat eine Chance

Es sind nicht nur die Kanacken an Hauptschulen, sondern auch die deutschen Realschüler/Gymnasiasten. Wenn ich ansatzweise Verständnis für diese Ghettoisierung und das dadurch induzierte Verhalten habe, dann bei den Ausländern, die wenige Chancen im Leben haben, deren Eltern kein Deutsch sprechen und außer staatlicher Unterstützung keine Einkommensquelle haben - auf gut Deutsch, bei Flüchtlingen.

Zu sagen "jeder hat eine Chance" ist zu einfach. Schaut Euch um, welcher 18jährige wusste zu Beginn der Kollegstufe, was er mal werden will? Bei mir in der Stufe waren es vielleicht 5%. Ich möchte das Verhalten dieser Gruppen nicht rechtfertigen oder verteidigen, aber wenn man ohne Geld und ohne Deutschkenntnisse in 30-Mann-Klassen durch die Grundschule geprügelt wird, verliert man schnell jegliche Perspektive. Wenn es sie denn einmal gab. So vergehen dann langsam die Jahre und man landet in der Hauptschule, spricht immer noch mit Assidialekt (woher soll man auch richtig Deutsch lernen? Durch die Schule? Durch deutsche Freunde? Welche deutschen, gut situierten Eltern lassen denn den Abschaum, der ohne Geld hier rumschmarotzt mit den Mittelscheitelkindern verkehren?) und merkt dann, dass der Zug langsam abfährt. Hätte man doch damals alles anders gemacht. Bloß blöd, dass einem das niemand gesagt hat damals. Mit 6 Jahren, als man die Chance hatte und perfekt die Sprache hier hätte lernen können. Als man die Verantwortung für die eigene Zukunft in die Hand hätte nehmen sollen, weil es sonst niemand macht. Mit _6_verdammten_Jahren_ hätte man sich den Weg zum Glück ebnen sollen.

Blöderweise schaffen das gar nicht mal so viele und sind dann 14 Jahre alt. Du lebst im Migrantenviertel, um Dich rum sind keine deutschen, reichen, ehrlichen Biedermeier - nein, da ist der Ali, der Haschisch verkauft. Und sein Kumpel, der den Großdealer für die 4 abgefuckten Häuserblöcke spielt und sich scheinbar auf schnellem Weg dumm und dämlich verdient. Es geht schnell, Du lernst immer mehr Leute kennen, Du lernst Frauen kennen und auf einmal siehst Du wieder eine Perspektive - vom Bordstein bis zur Skyline, das Licht am Ende des Tunnels. Niemand sagt Dir, dass das Licht ein "incoming train" ist, der fast alle Leute in diesem dunklen Loch erwischen wird.

----

2. Die Gangsta, die eine gute Ausgangsbasis im Leben haben, aber unbedingt Ghetto sein wollen

Kenn ich, war ich. Ziemlich cool - Du gehst pumpen, machst Kampfsport, läufst in Alphaklamotten durch die Gegend und kriegst Respekt gezollt. Entweder Du merkst irgendwann, wer Dir da wirklich "Respekt" zollt, oder Du wirst mit diesem Verhalten nie aufhören. Was treibt Leute an, dieses Ghettoimage zu erlangen? Nun, dieser Antrieb wird vermutlich ähnlich dem Grund, sich im Studio anzumelden, sein bzw. es besteht vermutlich auch eine Korrelation zwischen den Aspekten, die man langsam aber sicher nicht mehr von der Hand weisen kann. Begriffe wie "Ghettofitness", "Knastpumper" und "breit gebaut, braun gebrannt, 100kg Hantelbank" sind inzwischen wohl vielen Jugendlichen ein Begriff. Aber konzentrieren wir uns auf die Ghettostory, das Pumpgelaber kennen wir hier nur zu gut ("Heute: ich schlage als erster zu").

Da wären also folgende Faktoren:

- Geborgenheit in der Gruppe inkl. Zusammenhalt
- Sich einen Namen machen (wer kennt den Streber - niemand, wer kennt den harten Murat - jeder, der schon mal eine von ihm verpasst bekommen hat)
- Die letzte Cola in der Wüste des Selbstvertrauens, man hat etwas, wofür man "leben" kann. Kein sinnloses Vor-sich-hin-gelebe, man lebt jetzt für die harte Gruppe
- Ganz klar die Musikindustrie und das amerikanische Vorbild. Alle finden die cool, weil sie so sind - mich werden auch alle cool finden, weil ich so bin.
- Rebellion gegen sämtliche Ordnung. Ist ein alter Hut, hatten wir vor einigen vielen Jahrzehnten schon mal - kommt aber immer wieder gut

Was machen wir dagegen? Tja. Du setzt die Jugendlichen in ein reiches Haus, gibst ihnen alles, was sie zum Glücklich sein brauchen - aber sie wissen es nicht zu schätzen und wollen hart und asozial, jung, brutal, gutaussehend sein. Verstehe einer die Welt.

Was mich damals dazu getrieben hat, kann ich nur vermuten, ist ja auch schon eine gute Ecke her. Diese Leute verstehen gar nichts mehr - bei der Immigrantengruppe aus Absatz 1 sehe ich noch einen Kausalzusammenhang zur Lebenssituation, hier ist völliges Fremdschämen angesagt. Und weil ich mit purer Blödheit selten umgehen kann, beende ich auch alle Aufträge mit solchen Kids, wenn sie nicht ansatzweise motiviert sind, etwas an sich zu ändern. Da gibt es Leute, die die Arbeit um Einiges mehr wert sind und eher verdient haben.

Das merkt man übrigens auch immer öfter in den Nachrichten (bzw. in denen, die veröffentlicht werden) - es sind nicht nur die Migranten, es sind bei den Ubahnschläger auch viele dabei, die dann von Papa (Anwalt) rausgehauen werden und solche Späße. Da könnte ich über meinen Glastisch kotzen, wenn ich ihn nicht selber putzen müsste.

----

3. Wie schaut es wirklich aus?

"Dies ist die Geschichte einer Gesellschaft, die fällt. Und während sie fällt, sagt sie, um sich zu beruhigen, immer wieder - 'bis hierher liefs noch ganz gut.. bis hierher liefs noch ganz gut.. bis hierher..' - es gibt wenig, was die Situation besser beschreiben könnte. Wir leben in einer Zeit, in der wir sehr viel ausbügeln werden müssen, was die Generation vor uns und auch unsere Generation jetzt versaut haben beziehungsweise was wir immer noch versauen. Ich werde nicht dafür bezahlt, Prognosen mit Zahlen zu versehen - aber ich schätze, dass (unter Berücksichtigung der "Schnelligkeit der heutigen Welt") es in 50 Jahren spätestens die ersten heftigen Probleme geben wird. Wenn wir sie nicht jetzt schon haben. Das sind auf keinen (!) Fall Probleme, die die Ghettos in Amerika zu dem gemacht haben, was sie jetzt sind. Es sind andere Probleme. Es sind Probleme verbunden mit dem Hass auf die Gesellschaft, die seit vielen Jahren weiß, dass alles heute hätte anders sein können, wenn man das Problem frühzeitig behandelt hätte - erkannt haben es schon viele Leute in den 90ern, richtig gehandelt wird bis heute nicht. Fragt mich bitte nicht nach einem Konzept, wie man das alles besser machen kann. Das ist nicht mein Beruf und auch nicht meine Berufung. Ich bin kein Weltverbesserer - ich versuche nur, die Scheiße so gut auszubügeln, wie es in meiner Macht steht, ohne selber unterzugehen dabei.

---------- Einschub ---------

Ich habe es mit PrinzPump (User) besprochen und ich werde das Thema auch hier nochmal kurz anschneiden: Sozialarbeiter verdienen nichts, Sozialpädagogikstudenten sind am Arsch. Es gibt außer absoluter Gutherzigkeit keinen ersichtlichen Grund, diesen Leuten zu helfen. Man wird dadurch nicht nur nicht reich, man gerät selber in Existenzängste. Aber über die Schere zwischen reich und arm zu diskutieren, lassen wir in diesem Thread. Das wird eh eine wall of text und ich habe Respekt vor jedem, der das alles durchliest.

In Tupac's (Deppenapostroph absichtlich gesetzt, da englische Aussprache) Song "Ghetto Gospel" kommt die Line "before we find world peace we gotta find peace [...] in the streets". Ich bin mir bewusst, dass ich ein wenig indoktriniert an die Sache rangehe, weil es mich betrifft. Aber es kann nicht sein, dass Unmengen an Geldern für _jeden_ Schrott ausgegeben werden, während wir diese fortschreitenden Probleme mit der Ghettoisierung und der fehlenden Integration nicht bald in den Griff kriegen.

--------- Ende ----------

Nochmal, es ist kein Vergleich zu Amerika. Aber wir haben hier auf jeden Fall Probleme, die sich nicht von selbst lösen werden und für die wir in Zukunft einiges an Energie aufwenden werden müssen, um sie in den Griff zu bekommen. Sofern der Zug dafür nicht schon abgefahren ist. Die Entropie dieses Integrationsproblems, das keiner da oben erkennen möchte, weil keiner auf den Straßen rumläuft, wird immer unberechenbarer und größer. Ich weiß nicht, was passieren wird oder passieren muss, damit dem mehr Aufmerksamkeit geschenkt wird.

Es ist auch nicht so, als könnte man hier nicht mehr durch die Straßen laufen, ohne Angst zu haben. Und ich möchte hier absolut kein Panikmacher sein (..ok, bei Euch hat eh niemand Panik), aber diese Gruppierungen bestehen auf jeden Fall und sie sind nicht zu unterschätzen. Nicht zu vergessen ist auch, dass in der Dokumentation niemals die Rede von Dunkelziffern ist. Wenn ich mit jedem Problemfall zur Polizei gehen müsste, wenn er etwas Bestrafungswürdiges anstellt, hätte ich keine Zeit mehr zum Pumpen und Nürnbergs Polizeiwachen sind eh vom Katabolismus geprägt. Klar, es besteht keine eindeutige Lebensgefahr, wenn jemand die falsche Farbe an der falschen Straßenecke trägt. Aber es gibt in Deutschlands Städten Straßenabschnitte, die von der Polizei gemieden werden.

----

4. Das war jetzt ein grober Überblick meiner Sicht - alles auf der untersten Ebene. Von Vereinigungen und Drogenringen möchte ich nicht sprechen und darf ich vermutlich auch nicht. Ich hab keinen kompletten Einblick da rein, aber ich weiß genug, um sagen zu können, dass solche Verbindungen existieren und vor allem funktionieren.

6. SCHLUSSWORT

Nachdem ich anfangs eigentlich nur kurz auf eine Frage eingehen wollte, war ich überrascht, wie viel das alles doch geworden ist. Es hat mir extrem viel Spaß gemacht, manchmal nächtelang mit dem Laptop in der Bibliothek zu sitzen oder nach einem Mitternachtstraining nach Hause zu kommen und noch ein paar Seiten zu Papier zu bringen. Auch, wenn zwischendurch immer ein paar Hänger drin waren und viele Seiten wieder gelöscht wurden, weil ich einfach gemerkt habe, dass ich in diesem Moment schlichtweg Bullshit verfasst habe – im DinA5-Format werden wir hier auf fast 150 Seiten kommen.

Es wird ein unglaublich geiles Gefühl sein, wenn ich mein eigenes Buch im Regal stehen habe. Außerdem sollte ich erwähnen, dass es sehr interessant ist, die eigenen Gedanken in diesem Ausmaß zu Papier zu bringen. Man macht sich unweigerlich die eine oder andere neue Idee, sieht neue Verknüpfungen in den Gedankenstrukturen und hat schlussendlich etwas, worauf man in ein paar Jahren zurückblicken kann.

What we do in life echoes in eternity

Ich möchte mich an dieser Stelle von Unmengen an Danksagungen distanzieren. Das hat verschiedene Gründe. Zum einen wären es einfach zu viele Namen, die genannt werden würden. Zum anderen hoffe ich, dass ich mein Leben so führe, dass jeder Mensch, der eine Danksagung hier verdient hätte, ohnehin genug Dankbarkeit von mir erfährt. Dafür, dass er so ist, wie er ist – und dafür, dass er mich so akzeptiert, wie ich bin.

Es ist alles gesagt, was gesagt werden sollte. Somit beende ich hiermit, am 20.10.2012 um 17:02 Uhr, meine Arbeit an diesem Buch. Mit einem Lächeln im Gesicht, wie man es hoffentlich von mir gewohnt ist.
Der einzige Wermutstropfen ist, dass die heutigen Bücher oder eBooks technisch noch nicht in der Lage sind, eine Musik zum Abspann zu unterstützen. Daher bitte ich Dich darum, Dir ein schönes Lied für das letzte Zitat in den Hintergrund zu denken.

Today is the oldest you have ever been and the youngest you will ever be again...
and there you stand with the most experience you've ever had, and the greatest amount of time in front of you will ever have from now. What will you do with it...?

6.1 Ausblick

Wenn Du die Entstehung dieses Buches verfolgt hast und gelegentlich einen Blick auf die ask.fm-Seite wirfst, wirst Du es Dir vermutlich schon gedacht haben.

Es gibt noch so viele Themen, die man besprechen könnte. Man könnte intensiver auf Internetsucht, Trainingsmotivation, familiären Zusammenhalt und einiges mehr eingehen.

Lassen wir uns überraschen, ob nicht irgendwann ein zweites Buch erscheint.

7. WER ICH EIGENTLICH BIN

Vielleicht hilft es Dir, die geschriebenen Sachen zu verstehen, wenn Du ein grob umrissenes Bild von mir hast, sofern Du nicht sowieso ein paar Sachen über mich weißt.

7.1 Das Internet

Zuerst möchte ich kurz auf einen Punkt eingehen, mit dem ich in den letzten 2 Jahren oft konfrontiert wurde:

„Wieso gibst Du so viel über Dich und Dein Leben im Internet preis – dort, wo jeder es lesen und es gegen Dich verwenden kann? Man liest immer wieder, dass man Leute „stalken" kann, dass Arbeitgeber den Namen googlen, in Facebook nach l ist, oder nicht.; egal, ob das legal ist der nicht. Wie kannst Du Deine Lebenspläne, Deine fast schon exhibitionistischen Posts im Tagebuchstyle mit Deiner Zukunft verantworten? Irgendwann wird ein Arbeitgeber doch mal Deinen Namen suchen"?

Du wirst im Anhang etwas von mir zum Thema Internet/Foren lesen, aber das wird eine andere Thematik ankratzen. Ich habe mir vor gut 3 Jahren durchaus manchmal überlegt, ob ich nicht zu viel über mich erzähle. Das dürfte ein paar Monate nach meiner Zeit als Moderator in einem Motorradforum für jüngere Leute gewesen sein. Demzufolge war das alles noch ein bisschen pubertärer, offener, lebensfreudiger und verantwortungsloser als heute. Ich bin jemand, der gerne zu dem steht, was er gemacht hat. Aber wenn Du das hier liest, werde ich einige Posts auf diesem Board gelöscht haben. Nicht, weil ich mich dafür schäme, was ich damals geschrieben habe, sondern weil ich einige Sachen heute schlichtweg anders sehe. Bitte akzeptiere das, falls Du mich stalken willst. Du wirst auch sonst noch genug über mich finden, wenn Du „ad89" oder „ad89+Forum" in eine Suchmaschine eingibst.

Aus eben diesem Moment heraus entstand die Entscheidung, mein Internetleben von Anfang an so präsent wie möglich, aber ebenso so verschleiert wie möglich zu gestalten. Mir war als Kind der aufstrebenden Internetgeneration, geboren von Eltern, die beide in diesem Bereich zu tun hatten, durchaus früh bewusst, dass das Internet bald unser aller Leben dominieren KANN. Dass das so bald zutrifft, damit habe auch ich nicht gerechnet. Nichtsdestotrotz habe ich bald gemerkt, wie sehr mich diese Offenheit reizt und fasziniert. Der risikofreie Meinungsaustausch, die schier unendliche Ehrlichkeit - und paradoxerweise die Möglichkeit, zu lügen, dass alle Dämme brechen, die Vereinigung in virtuellen Interessensgemeinschaften (= Foren) ohne Zwänge, Pflichten – und letztendlich das Kennenlernen dieser Leute im richtigen Leben. Wie gesagt, dazu wirst Du im Anhang das ein oder andere Statement von mir finden.

Um allen Leuten in der Gegenwart und in der Zukunft die Stasiarbeit über mich deutlich zu erschweren, fing ich an, Gerüchte über mich zu erfinden. Geschichten, die zwar abstrus erschienen, aber mir doch zuzutrauen waren. Von Momenten zu erzählen, die so nie stattfanden. Ich fing an, Videos zu drehen, in denen ich mit Spritzen hantierte, die eindeutig dem Bodybuildinglifestyle zuzuschreiben waren. Ziele im Leben, die irrwitzig erschienen. Jugenderfahrungen zu verbreiten, die wie aus der Bravo (falls Du die noch kennst) klingen. Wohnverhältnisse zwischen Mietschnorrerei im Slum und vier gekauften Penthouses in zweistelligen Stockwerkhöhen in sieben Großstädten Europas. Geschichten von latent kriminell angehauchten Episoden eines Lebens, die so vielleicht nie stattfanden. Du wirst viel über mich erfahren können, sehr viel sogar, aber Du wirst nie wissen, was wirklich wahr ist. Ebenso wird dieses Buch einen wahren Kern haben, aber die eine oder andere Ausschmückung beinhalten.

So entstanden die inzwischen weltberühmten Pusherstories aus dem Ghetto.
Angefangen als normaler Trainingslog unter dem Titel „Passion fuckin trumps everything", geendet als Gerüchteküche aus dem deutschsprachigen Raum.

Ich kann nicht so ganz einschätzen, wann genau die Wandlung stattfand. Fakt ist, dass auf zwei wirklich tollen Foren zuerst die Niederschreibung des damals noch vorhandenen körperlichen Fortschritts mitgeteilt wurde, es aber parallel auf beiden Plattformen immer mehr in etwas Theoretisches abdriftete. Mit der Zeit kamen Kampfsportdiskussionen hinzu, weil ich neben dem Kickboxen noch mit Krav Maga anfing, etwas halbwegs Exotischem zu diesem Zeitpunkt. Dann folgten wie aus dem Nichts Unmengen an Philosophiediskussionen und – kein Scherz – gut 1500 Seiten später waren es immer mehr variierende Leute, die sich an den Diskussionen beteiligten. Aus lustigen Momenten entstanden dann verschiedene Aktionen. Die ad89-Fanpage auf Facebook, die ad89-ask.fm-Seite. Irgendwann wurde dann meine Zweit-Mailadresse veröffentlicht. Aus diesen drei Faktoren plus den Forenaccounts kam – erfreulicherweise – immer mehr Resonanz auf meine Beiträge. Und nach einiger Zeit kamen selbstständig Fragen. Ich wurde von Leuten, die ich noch nie gesehen hatte, gefragt, was meine Meinung zu verschiedenen Themen sei – wie ich die Freiheit des Menschen definiere, wie ich in bestimmten Situationen reagieren würde, wie es mir inzwischen gesundheitlich geht. Fragen, die zwar umgeben von vielen schwachsinnigen Einträgen sind, aber einen doch zum Nachdenken anregen und teilweise die Grundlage für tiefsinnige, mehrseitige Diskussionen auf diesen Plattformen darstellten.

Die Summe all dieser Faktoren – der Foren, der ask.fm-Seite, der Facebooknachrichten, der Facebookfanpage, der Mailadresse und den verschiedenen Treffen mit den „Internetleuten" im Reallife (siehe Anhang) waren die Ursache und teilweise die Grundlage für dieses Buch. Der Auslöser war die schlichte Frage

„was sind deine top 5 Tipps für ein besseres Leben?"

vom User Bayern667.

Ich habe damals – auf ask.fm erfährt man den Absender der Frage nicht - darauf geantwortet:

Wer auch immer Du bist - ich bin jetzt einige Tage morgens spazieren gegangen und habe mir überlegt, was ich Dir antworte. Seit einer Stunde sitze ich an der Antwort und werde noch viele Stunden dran sitzen. Bitte, sei so gut und stell mir die Frage morgen noch einmal, damit ich hier bei ask.fm darauf antworten und die Antwort rein kopieren kann. Ich hab die Frage etwas unterschätzt, das wird ein ellenlanger Text. Danke für die Frage, tut mir selber auch gut, mal drüber nachzudenken ;)

So begann ein winzig kleiner Versuch, diese 5 Tipps aufzuschreiben. In einem Word-Dokument. Es hat nicht geklappt. Was aus dieser fehlgeschlagenen Komprimierung einer Lebensansicht wurde, hast Du im Moment als eBook auf Deinem Monitor – oder als gebundene Ausgabe in Deinen Händen.

7.2 Die Gesundheit

Ich habe oft und lange überlegt, ob ich näher darauf eingehe. Um es vorweg zu nehmen – ich war nie bedrohlich krank. Das Problem war und ist, dass ich von Symptomen befallen war, die die Erscheinung einer sozialen Phobie durchaus rechtfertigen würden. Wodurch soziale Phobien entstehen können, möchte ich hier nicht groß erläutern. Wenn sich jemand dafür interessiert, bitte „Soziale Phobie + Ursache" durch die Suchmaschine jagen. Du wirst erfahren, dass so ziemlich jeder Müll zu einer sozialen Phobie führen kann. So ist das nun mal, wenn Du Symptome googlest – wenn Du Kopfschmerzen hast, such bitte nicht nach Ursachen im Internet. Ich verspreche Dir, dass Du theoretisch nach 3 Tagen sterben müsstest. Steht da!
Wenn Dir schlecht wird, wenn Du Blut siehst, wenn Du Dich vor Allem ekelst, was keiner makellosen Haut entspricht, wenn Du Kotzreiz bekommst bei Fäkalsprache – überspring dieses Kapitel bitte. Ich zahl Dir keinen neuen Monitor.

Mein Problem – und das von vielen Leuten, die eines dieser beiden Probleme haben - liegt oder lag in dem Schamgefühl. Man wird von etwas Negativem „heimgesucht", auf das man scheinbar keinen Einfluss hat und was schlichtweg nicht normal ist. Stell Dir vor, Du hast einen Pickel direkt auf der Nase. Und Du kannst nicht anders, Du wirst dazu gezwungen, jeden Tag hinauszugehen und in den Kontakt mit neuen Menschen zu treten. Irgendwann wirst Du Dich vielleicht daran gewöhnen. Aber irgendwo bleibt immer dieses Restgefühl da, dass jeder Dich erst mal auf diesen Pickel auf der Nase reduziert. Das ist so dieses Gefühl zu Beginn dieses Problems.

Bei mir haben grundsätzlich zwei Sachen mit reingespielt. Das eine konnte ich aufgrund meines Kraftsportumfelds sehr gut und witzreich verpacken, mit dem anderen Problem im Gepäck stand ich einige Male vor einer psychischen Wand und wusste nicht mehr, wie das sinnvoll weitergehen sollte. Diese beiden Sachen waren grundsätzlich Symptome. Symptome einer abartigen Entzündung des gesamten Körpers und damit Fall für Kapitel 1.1.

Eine so genannte Akne Conglobata am Rücken. Es entstehen durchaus schmerzhafte Entzündungsknoten an der Haut, die irgendwann aufreißen und daraus resultieren wiederum extrem hässliche, großflächige Narben.
Das ist – solange keine aktiven Entzündungen vorliegen (dann allerdings wie die Pest) – kein schmerzhaftes Problem, sondern eher eine

kosmetische Entzündung. Ich habe den Spaß am gesamten hinteren Oberkörper brustaufwärts bis zum Hals. Wenn ich mich oberkörperfrei zeige, gibt es verschiedene Möglichkeiten für mich, mich zu verhalten: Eine Variante ist, dass ich all das auf einen angeblichen Anabolikamissbrauch schiebe, dabei meinen Bizeps anspanne und dabei so tue, als wäre ich Mister Universum und die ganze Steroidabususgeschichte hätte sich deutlich gelohnt.

Normalerweise erzähle ich aber, dass ich auf der Flucht von einer Schrotflinte getroffen wurde. Daraufhin folgen meistens gesprochene 5-Zeiler meinerseits, die als „Opener" für ein Gespräch dienen. Ich möchte nicht sagen, dass diese ganze Kriegsveteranengeschichte unerfolgreich bei der Kontaktaufnahme ist und den ersten, abschreckenden Eindruck meiner Person im Schwimmbad (abgesehen von meinem Adoniskörper) kompensieren kann. Man sollte bedenken, dass ich nach über 6 Jahren mit dieser Hautseuche einiges an Kommentaren und dummen Sprüchen gewohnt bin, dass mir auch der ein oder andere Schmerz beim lokalen Aufreißen der Haut nicht fremd ist - trotzdem bin ich mir bewusst, dass es Leute mit dieser oder einer etwas leichteren Akneform gibt, die damit nicht so gut klar kommen wie ich. Vor allem dann, wenn sie diese vorwiegend in Primärzonen wie dem Gesicht haben. Für Euch: Macht Euch Gedanken über Eure Ernährung! 1.1.!

Für die Leute, die irgendwem mit Akne begegnen – überlegt Euch doch bitte, ob Ihr zwingend dauernd auf diesen Pickel schauen oder am besten noch einen dummen Spruch bringen müsst. Es gibt Leute – gerade Frauen - die nehmen sich all ihren Mut zusammen, um trotz so einer Hautreaktion (nichts anderes ist das – es brandmarkt ja keinen schlechten Menschen) unter Menschen zu gehen. Wenn Ihr diesen Leuten dann ein schlechtes Gefühl gebt, dann ist das, als würdet Ihr in der ersten Fahrstunde an der Ampel stehen und das Auto fünfmal abwürgen, während hinter Euch langsam aber sicher alle anderen hupend ausscheren und vorbeifahren. Danke.

Falls Du mich persönlich kennst: Du wirst die pure Ehrlichkeit zu hören bekommen, wenn Du im Schwimmbad fragst, was mit meinem Rücken passiert ist. Wenn Du fragst, wie viel ich eingeworfen habe, um solche Nebenwirkungen zu erhalten, werde ich Dir Steroidnamen um die Ohren werfen, deren Namen Du noch nie in Deinem Leben gehört hast und Dir noch dazu Geschichten von implantierten GPS-Sendern aus meiner Zeit als Geheimagent liefern. Aber ich werde mich nicht (mehr!) daran hindern lassen, mich oberkörperfrei zu zeigen, nur, weil Leute ohne Ahnung Vorurteile hegen, pflegen und ausdrücken. Das ist einer meiner Standards, die ich leider viel zu spät im Leben zu setzen gelernt und auszuleben genossen habe.

Ich bin im stolzen Besitz eines sogenannten Reizdarmsyndroms. Es ist vermutlich besser, das hier nicht näher auszuführen – aber es geht im Grunde genommen darum, dass Dein Verdauungsapparat gestört und Deine Verdauung zerstört ist. Wenn Du jetzt automatisch ein wenig weiterdenkst, kannst Du Dir vorstellen, dass das nicht sehr sozialverträglich ist. Wenn Du mehr darüber erfahren möchtest oder selber Probleme in der Hinsicht hast, melde Dich bitte per Email oder sonst wie. Vermutlich kann man da einiges daran drehen. Ich war jetzt paar Dutzend (schönes Wort, musste ich meinem Kontaktmann in der Slowakei erst beibringen) Tage bei allen möglichen Ärzten, ich habe unzählige Tests gemacht, Schläuche kennengelernt, die ich nie wieder sehen oder spüren möchte, keiner von denen konnte es auf die Lebensweise zurückführen. 1.1. Ich kann es nicht oft genug erwähnen, Kapitel 1.1!

Was mir aber bei all dem auch aufgefallen ist – ich hatte unglaubliche Probleme, mit jemandem darüber zu sprechen, warum ich abends nicht mehr wegging. Ich wusste damals einfach nicht, warum mein Körper nach dem Abendessen rebellierte. Irgendwann habe ich mich schlichtweg nicht mehr aus dem Haus getraut. Das klingt für jemanden, der nicht betroffen ist, unglaublich lächerlich. Aber vielleicht kann ich es Dir sinnvoll darstellen:

Stell Dir vor, Du trägst eine Halskette um Deinen Hals. Diese Halskette ist fast immer da. Manchmal ist sie aber komplett weg, nicht da, weder optisch noch haptisch. Du musst einfach darauf vertrauen, dass sie noch da ist.

Das geht lange Zeit gut, viele Wochen, Monate, Jahre. Aber irgendwann, mit 18, 19, verlierst Du diese Halskette immer und immer wieder. Und jedes Mal kommt dieser „Mist, wo ist sie bloß?"-Moment.
Vermutlich findest Du sie jedes Mal wieder. Irgendwann kommt jemand und erzählt Dir, dass Du ohne diese Kette nichts mehr schaffen wirst. Er erzählt Dir, dass Du zwei Gehirne im Körper hast und diese Kette das Verbindungsstück dieser beiden Gehirne darstellt.

Ab diesem Moment wird alles anders. Du verlierst die Kette und denkst Dir nicht das übliche „Mist, wo ist die denn, ich wollte sie heute Abend tragen, wenn ich in den Club gehe" – sondern Du denkst „FUCK!". Du denkst nichts außer „FUCK! FUCK! FUCK! – Wo ist das scheiß Teil!"; Du wirkst wie paralysiert, hypnotisiert, Du kannst nicht mehr klar denken, Du kriegst einen Tunnelblick, Schweißausbrüche, manche Leute würden sogar anfangen, zu weinen. Vielleicht hast Du schon einmal etwas verloren, was für Dich auch nur im Entferntesten den Wert dieser Halskette darstellt. Dann kennst Du diesen Moment, in dem Dir die Luft wegbleibt und Du alles andere ausblenden MUSST.

Willkommen in der Welt des Reizdarmsyndroms. Die Halskette, die Dir fehlt, ist das „unbewusstsein machen" Deiner Verdauungsvorgänge. Deine Halskette fehlt Dir? Uns Reizdarmlern fehlt das „Dieses Gefühl im Bauch, das Grummeln, die Bewegungen – all das ist normal" -Denken.

Willkommen in der Welt des Reizdarmsyndroms. Dieser Moment, wenn Du Deine imaginäre Halskette nicht spürst, nicht siehst, wenn Du den Verlust ahnst – so geht es einem RDSler sehr, sehr oft. Wie aus dem Nichts kommen diese FUCK!-Gedanken und man kriegt Panikattacken, wenn keine Toilette in der Nähe ist. Uns RDSlern fehlt das Bewusstsein, dass Bauchgeräusche, Bauchgefühle (also wirkliche Gefühle, nicht diese... Schmetterlinge da) normal sind. Weil wir aufgrund der Vergangenheit denken, dass bei jedem dieser Gefühle gleich ein Anfall kommt. So ist der Mensch nun einmal programmiert.

Die beiden Gehirne, von denen ich oben gesprochen habe, existieren. Das ist nichts, was ich mir ausgedacht habe – es existiert neben unserem Gehirn im Kopf noch ein Bauchhirn, das unglaublich sensibel auf Stress, Freude, Emotionen allgemein ist. Je reizbarer dieses Bauchhirn ist, desto stärker nehmen wir den Halskettenverlust wahr. Die Herleitung über „Liebe geht durch den Magen" / „Flaues Gefühl im Bauch" usw. spare ich mir.

Diese beiden Punkte waren in meinem glücklichen Leben die einzigen Einschränkungen (abgesehen von 6 Wochen zu früh auf die Welt kommen, mit 1700g. Like a Boss). Darüber bin ich wahnsinnig froh – ebenso sehe ich es teilweise auch als Gewinn, da ich deshalb um Einiges gesünder lebe und viel verständnisvoller gegenüber Tabuthemen geworden bin. Das sollten wir übrigens alle sein – es ist schwachsinnig, wenn man sich nicht traut, von irgendwelchen Problemen zu reden.

7.3 Lebenslauf

Den lassen wir mal lieber aus – falls Du durch die Fragen im Anhang ein wenig ins Grübeln gekommen bist, was ich derzeit überhaupt mache: Ich studiere einen technischen Studiengang, arbeite ehrenamtlich an einer Hauptschule mit Kids zusammen, die etwas erreichen wollen und gebe zu exorbitanten Preisen kommerzielle Mathematiknachhilfe. Ansonsten war ich früher ab und zu in verschiedenen Einrichtungen wie Apotheken, Mutter&Kind-Heimen oder Obdachlosenhäusern unterwegs.

Im Moment bin ich also Vollzeitstudent, Vollzeithelfer, Vollzeitnachhilfelehrer und Vollzeitbuchautor. Vollzeitautor – klingt gut!

7.4 Soziale Arbeit und der Gedanke dahinter

Ich wurde via Facebook gefragt, wie man die soziale Arbeit am besten angehen kann und wie die Randdaten grob aussehen – ich erlaube mir, die Antwort einfach anzuhängen:

Danke für die Fragen, die interessieren bestimmt ein paar Leute. Daran hab ich irgendwie gar nicht gedacht, ich nehm die Antwort gleich mit ins Buch auf, wenn Du nichts dagegen hast.
Pass auf, ich habe folgendes gemacht:
*Praktika in einem Obdachlosenheim – ging recht problemlos, eines war ein Wochenende lang. 2*4 Stunden, samstagmorgens Essensausgabe vorbereiten + durchführen und Sonntag noch ein bisschen was durch die Gegend tragen. Sehr stressfrei. Wenn Du zu so einem Obdachlosenheim hinläufst und sagst „hi, ich würd hier gern bisschen umsonst helfen, habt Ihr da was für mich?", wirst Du wohl zu 80% Erfolg haben, wenn Du nicht komplett unsympathisch rüberkommst.*
Im Mutter-&Kindheim ist es wohl für Externe etwas schwieriger... und anscheinend auch nicht das, was Du suchst, also machen wir weiter bei der
Hauptschule. Angefangen hat das vor ein paar Jahren, als ich gecheckt habe, dass ich ein relativ guter Trainer/Lehrer sein könnte. Dann habe ich „Ehrenamtliche Arbeit Nürnberg" gegoogled und bin auf das Zentrum Aktiver Bürger – Nürnberg gestoßen. Quasi eine Dachorganisation für ehrenamtliche Arbeit in Nürnberg, sowas sollte es eigentlich in jeder größeren Stadt Deutschlands geben. Dort hab ich dann einfach mal angerufen und gefragt, was man in meinem Alter und mit meinen Fähigkeiten so helfen kann in der Welt. Eigentlich wollte ich damals schon Migrantenkids helfen, irgendwie im Sportverein oder so – aber wie aus dem Nichts kam da gerade eine Meldung rein, dass ein 16jähriger, deutscher Schüler einen Bildungscoach braucht, weil er ohne „Begleitung" nicht nochmal zu seinem Quali antreten darf. Nachdem er nichts dafür konnte, dass er deutsch war, habe ich dann kurzentschlossen umgesattelt und saß dann eine Woche später mit einer Dame des ZAB, dem Direktor der Hauptschule und meinem ersten „Schützling" im Büro des Direx.
Das lief dann alles relativ gut, habe mich sehr schnell mit meinem Schützling verstanden und wir haben angefangen, Privatleben + Schule zu ordnen.
Danach wurde meine „Abteilung" beim ZAB leider geschlossen und ich stand ein wenig auf der Straße, wollte das aber unbedingt weitermachen. Also bin ich rotzfrech in die Schule hier um die Ecke

gestiefelt und habe einem etwas verdutzten Codirektor gesagt, wer ich bin, dass ich hier ein bis zwei Kids durch den Quali bringen möchte.
Nach kurzer Zeit war ich dann da im Team und hab letztes Jahr 4 Leute durch den Quali gebracht – übermorgen bekomme ich meine neuen Kids für dieses Jahr.

Du siehst, im Grunde genommen bin ich einfach hingelaufen und habe gesagt, wer ich bin, was ich kann und was ich investieren will. Inzwischen bin ich nicht mehr bei einem Dachverband, sondern bin direkt an der Schule. Die Frage „wie viel Zeit kostet das?" ist nicht verkehrt – ich würde sagen im Schnitt 4-5 Stunden in der Woche insgesamt, mit Anwesenheit, Mailverkehr, „Nachhilfevorbereitung" usw. Das schwankt aber extrem, je nachdem, wie viel Du selber investieren willst. Du kannst auch sagen „okay ich will einmal die Woche zwei Schülern 90 Minuten Mathenachhilfe geben, kostenlos" und jeder klar denkende Direktor wird Dich mit Handkuss nehmen. Ich habe mich eben dafür entschieden, das ganze weniger als Nachhilfe und mehr zum Lifecoaching zu machen, indem ich den Kids zeige, dass da noch viel mehr erreichbar ist. Wenn Du versuchst, ihnen bei privaten Problemen zu helfen, mit der Polizei, mit latent aggressiven Fanclubs – oder wenn Du einfach noch normale „Werte und Fähigkeiten" mit einfließen lässt, Pünktlichkeit, Freundlichkeit, Konzentration – dann dauert das nun einmal ein wenig und hat mich doch gelegentlich an die Frage, warum zum Teufel ich das eigentlich mache, geführt.
Du kannst somit zwischen 1,5 und 8 Stunden pro Woche alles rechnen. Je nachdem, wie Du Bock hast.

Wie läuft das ab – also, ich habe geklärt, dass ich da bisschen helfen möchte und hab meinen ersten Schüler kennengelernt. Daraus wurden dann relativ schnell 4 Stück, bei denen ich es aber dann belassen habe dieses Jahr. Wir haben ausgemacht, uns einmal die Woche zu treffen und gemeinsam Mathe/Englisch/Deutsch zu lernen. Dafür habe ich mir ein paar Qualiaufgaben gesucht und ihnen gegeben (vorher nochmal selber durchgerechnet, um mich nicht zu blamieren haha). Und dann habe ich gesagt „okay, 14 Uhr am Eingang". Ich war jedes Mal um 13:55 da und wenn jemand erst um 14:01 kam, gab es eine Ansprache – am Ende kamen sie sehr zuverlässig pünktlich. Dann sind wir in ein Klassenzimmer gegangen und sie haben die Sachen gerechnet, die ich ihnen gegeben habe. Das wichtigste hierbei war wohl, dass sie zum ersten Mal jemanden hatten, der ihnen alles haargenau erklärt. Immer und immer wieder, bis sie es verstehen.
Diese Leute sind absolut nicht blöd, aber sie kommen im Unterricht

nicht mit – und wer einmal hängt, kommt nicht mehr hinterher. Dazu kommen dann Verständigungsschwierigkeiten und die Tatsache, dass ein Lehrer sich nie so intensiv um 30 Schüler kümmern kann, wie ich mich um meine 4-5 Kids. Wenn Du das machst, wirst Du relativ bald erkennen, dass die Leute sehr schnell lernen können, sobald man ihnen eine Hilfe ist. Und Du wirst erkennen, dass sie davon „leben", dass Du an sie glaubst – sonst glauben nämlich wenige Leute an sie.

Es geht nicht darum, dass Du die Leute von einer 6 auf eine 1 bringst, sondern darum, dass Du ihnen zeigst, dass sie eigentlich alles erreichen können an dieser Schule. Du hast es im Buch wohl gelesen – zeig ihnen, dass sie auch scheinen können. Die gesamte Hauptschule wird durchzogen von Schatten, die sich gegenseitig runterziehen. Das sind diese verzweifelt coolen Kids, für die ihre beschissenen Noten einfach dazu gehören. An denen sie eh nichts ändern können. Keine Motivation, keine Unterstützung, keine Perspektive.

Du kannst das ändern, wenn Du Bock darauf hast. Du kannst einfach hingehen, mit den Kids quatschen – und auch, wenn Du am Anfang vielleicht nicht direkt den Draht zu ihnen bekommst – Du kannst ihnen helfen, ihr Selbstvertrauen aufzubauen und ihnen durch Deine Hilfe eine Perspektive geben, die so weit entfernt scheint.

Ich weiß noch, als einer von meinen Kids im Juni zu mir kam und meinte „Du bist der Erste, der an mich glaubt. Und jetzt weiß ich, dass ich so viel erreichen kann".

Diese Leute haben ein unglaubliches Potential. Wenn Du sie einmal dazu bringst, zu zünden, Blut zu lecken, das Feuer in sich zu erwecken, stehen ihnen alle Türen offen. Weil sie ein besseres Leben haben wollen. Das ist eine ganz andere Motivation als beim Durchschnittsdeutschen, der halt mal Abi macht, weil das jeder irgendwie macht.

Du bekommst die Chance, ihre Art zu formen, ihnen Werte zu vermitteln und als einer der Wenigen den Ausländern zu helfen, so zu sein, wie die Gesellschaft sie haben will. Während jeder dahergelaufene Kasper darüber redet, wie scheiße die alle sind, kannst Du etwas dagegen machen.

Grob umrissen also nochmal:

Ehrenamt googlen/Falls nicht erfolgreich, in eine Schule Deiner Wahl marschieren (vielleicht vorher einen Termin ausmachen)/1,5-8 Stunden pro Woche investieren/Distanz zu den Kids selbst bestimmen/Die Welt ein Stückchen besser machen.

Wenn Du irgendwelche Fragen hast oder Hilfe bei dem Thema brauchst, wenn Du keine Ahnung hast, was genau Du dem Direktor dann sagen sollst, melde Dich. Ich finde es extrem nice, dass Du so etwas machen willst und bin immer froh, wenn ich Leuten wie Dir helfen kann!

Grüße
Andi

Das trifft wohl ganz gut den Kern der Sache. Ich bin damals zum ZAB (Zentrum Aktiver Bürger) gegangen, weil ich irgendwann gemerkt habe „Du hast so viel im Leben geschenkt bekommen, Du hattest es nie wirklich schwer und Du musstest nie kämpfen – und 500 Meter vor Deiner Haustür wohnen Kids, die nicht in ein Leben unter der Sonne hineingeboren wurden." Dieser Gedanke trifft auf viele von Euch zu, das wissen wir alle. Was der einzelne daraus macht, ist jedem selbst überlassen.

Bei mir kommt als Katalysator noch mein gottgegebenes Kommunikationstalent hinzu. Ich kann nichts wirklich überdurchschnittlich, außer Leuten zu helfen. Eines schönen Tages habe ich gemerkt, dass ich zwar niemand bin, der Sachverhalte in Uniaufgaben schnell durchblickt und Lösungsschemata problemlos verinnerlicht, aber aus irgendeinem Grund fallen mir bei menschlichen Problemen oft sehr bald Lösungsmöglichkeiten ein. Dadurch, dass ich gemerkt habe, dass ich ein miserabler Schüler und Athlet bin, aber ein guter Lehrer und Trainer sein könnte, habe ich mich auch sehr schnell mit der Aufgabe vertraut gefühlt. Zudem kommt die Tatsache, dass ich in der Schule ein absoluter Matheloser war und im Leistungskurs im Abi sensationeller weise einen Punkt geholt habe, nachdem ich wegen Unterpunktens (das kennt Ihr vermutlich gar nicht mehr) fast ein paar Mal vom Abi ausgeschlossen wurde. Ich kenne also so ziemlich alle falschen Gedankengänge der Mathematik, die es gibt. Dadurch kann ich relativ zügig die Gedankenfehler bei meinen Kids finden.

Du siehst, man muss kein Mathegenie sein für den Job. Es reicht, wenn Du voll und ganz verstehst, was Du den Leuten da erklärst, dafür braucht es kein Universitätsmathe. Mein erster „Boss", also der Direktor der ersten Schule, sagte „als Hauptschullehrer sind Sie den Schülern nur eine Seite voraus. Mehr brauchen sie nicht". Klingt simpel, ist es auch.

Alles in allem habe ich es bisher nur selten bereut, diese Spur eingeschlagen zu haben. Ich möchte aber auch nicht abstreiten, dass es manchmal nervt, wenn meine Jungs nicht voll motiviert bei der Sache dabei sind und ich erst mal ein paar Worte zur Beruhigung suchen und finden muss. Oder wenn nachts um 1 das Handy klingelt, während man gerade neben seiner Freundin versucht, einzuschlafen. Oder wenn man vor dem Prüfungszimmer auf das Ergebnis der Qualiprüfung warten muss. Es gibt durchaus auch negative Emotionen bei der Geschichte, aber die stehen in keiner Relation zu dem Glücksgefühl, wenn Du einen Menschen „auf die Bahn gebracht hast". Dieses ehrliche Strahlen von Leuten, die Licht sehen, die auf einmal so viel erreichen wollen im Leben – dafür würde sich jeder Aufwand lohnen.

Ganz nebenbei nimmst Du selbst extrem viel mit aus der Sache. Du lernst die Kommunikation mit komplett anderen Bildungsschichten, mit anderen Mentalitäten, Nationen. Und Du lernst viel über Verantwortung und das richtige Distanzgefühl den Schülern gegenüber.

Im Lebenslauf soll sich sowas anscheinend auch ganz gut machen, aber das gewichtet jeder unterschiedlich. Wie gesagt, wenn Du sowas starten willst gilt selbstverständlich auch wie für jeden normalen Leser dieses Buchs – falls Du Hilfe brauchst, meld Dich. Es kann nie genug Leute geben, die irgendwem helfen wollen.

So ganz nebenbei gefällt mir der Gedanke, dass ich in 25 Jahren durch meine Stadt flanieren kann und lauter strahlende Existenzen treffe, deren Strahlung ich mit zu verantworten habe, sehr gut. Manche Leute wollen ein Haus bauen, einen Baum pflanzen oder Kinder in die Welt setzen. Wieder andere Leute wollen Sachen erfinden, die der Menschheit helfen und die Welt verbessern. Für mich war das die schönste Methode, schon in meinem Alter etwas zu kreieren, was langfristig gesehen unglaublich viele Vorteile mit sich bringt – für die Kids und für mich.

Wenn Dir jemand sagt „Du kannst etwas für die Ewigkeit erschaffen, ohne irgendeinen Nachteil daraus zu ziehen und ohne Gefahr zu laufen, dass das Schatten auf Dich werfen wird" – wie könnte man da ablehnen?

Wenn Du weißt, „okay, wir schaffen alles, was sie erreichen wollen", ist das gut. Wenn Du aber eines Tages schaffst, in ihnen erst einmal die Flamme auflodern zu lassen, wenn Du in ihnen diesen Gedanken überhaupt erst weckst – dann hast Du diese Menschen schon verändert.

Es gibt so viel zu erreichen auf diesem Gebiet – und es gibt so viele Leute, die diese Chance nicht wahrnehmen. Wenn man von einem „Ehrenamt" hört, denkt man doch meistens an Rentner, die sich irgendwie die Zeit vertreiben wollen. Was man oft vergisst, ist die Tatsache, dass man selbst so viel daraus lernen kann. Softskills, Blicke hinter die Gardinen anderer Kulturen, anderer Bildungsschichten, anderer Generationen – man lernt Denkweisen kennen, die komplett anders sind, der eigene Standpunkt wird auf einmal unheimlich flexibel, weil Du Leute triffst, die niemals Deine Möglichkeiten hatten. Menschen, die nicht mehr laufen können oder Leute, die noch nie im Leben laufen konnten. Es macht wenig Unterschied, ob Du mit Menschen mit Behinderung zusammenarbeitest (nicht arbeitest, sondern zusammenarbeitest), mit Menschen im Altersheim oder mit Schülern aus anderen Kulturkreisen. Du kannst überall etwas lernen und hast überall ein wenig Einfluss auf Deine Arbeitspartner.

Bring den Leuten im Altersheim noch einmal die Sonne in ihr Leben, in dem sie sich vielleicht alleine und abgeschoben, „abgestellt" fühlen. Lerne im Gegenzug aus ihrer Erfahrung, erfahre, wie es „früher" wirklich war.

Erklär den Kids an der Hauptschule, wie Du die Funktion nach x auflösen kannst und bekomme dafür das Gefühl, dass sie Dir vertrauen und Dich brauchen.

Hilf den Obdachlosen am Wochenende bei der Essensausgabe und geh mit einem „fuck, ich hab eigentlich ein richtig gutes Leben" nach Hause.

Je länger Du Dich mit dem Thema beschäftigst, desto kürzer musst Du nachdenken, wenn Du nach persönlichen Vorteilen suchst. Dieser gesamte Sektor ist voller Win-win-Situationen.

7.5 Kontakt

Mich erreichen erfreulicherweise über die PM-Funktion in Foren, die ask.fm-Seite oder via Facebook immer wieder Themenvorschläge für dieses Buch, auch von Leuten, die ich nicht kenne – erstaunlich, wie die bisherigen Versionen durch das Internet wandern. Wenn Du eine Idee hast oder in Zukunft ein paar Gedanken zu einem bestimmten Thema hören möchtest, melde Dich doch bitte.

http://www.facebook.com/ad89.official

https://www.facebook.com/Pusherstories

http://ask.fm/ad89official

pusherstories@gmail.com